Enza Milanesi

TEPPICHE

Muster · Datierung · Provenienzen

Orbis Verlag

Genehmigte Sonderausgabe 1997 für
Orbis Verlag für Publizistik GmbH, München

Die Originalausgabe erschien 1992 unter dem Titel
»Guide Cultura Tappeti«
im Verlag Arnoldo Mondadori Editore S.p.A., Mailand

© 1992 Arnoldo Mondadori S.p.A., Milano

© 1994 Mosaik Verlag GmbH, München
Übersetzung aus dem Italienischen: Dr. Marcus Würmli, Tutzing
Redaktion der deutschen Ausgabe: Kirsten Spieldiener, München
Satz: Filmsatz Schröter GmbH, München

ISBN 3-572-00837-9
Printed in Spain
D.L.TO: 649-1997

INHALT

EINFÜHRUNG

Ein schöner Orientteppich zieht uns leicht in seinen Bann. Einmal abgesehen von der Schönheit der Farben und Zeichnungen, übt er auch die Faszination des Exotischen aus: Die merkwürdigen, unbekannten Muster mit ihrer besonderen Zusammensetzung, die dunklen oder auffälligen Farben, die antiken, kaum bekannten Herstellungsverfahren machen den Teppich zu etwas Mysteriösem, Geheimnisvollem. Der vorliegende Führer möchte einige dieser Geheimnisse enthüllen, ohne dem Teppich jedoch seine Faszination zu nehmen. Wenn wir die stilistischen, dekorativen und technischen Eigenschaften eines Teppichs verstehen und ihn anhand dieser Merkmale einordnen und einem bestimmten Herstellungsgebiet zuschreiben können, so zerstört das nicht den außergewöhnlichen Reiz dieses handwerklichen Produkts, sondern erhöht ihn sogar. Dieser Ratgeber hat es sich zum Ziel gesetzt, die notwendigen Grundlagen zu liefern, um einen Teppich stilistisch einordnen zu können.

Der erste Teil des Buches geht auf das Konzept des Stils beim Teppich, auf seine praktische und künstlerische Funktion ein und verbindet die theoretische mit der praktischen Entwicklung. Es werden darin die Raumaufteilung und die wichtigsten Muster in ihrer geometrischen wie kurvilinearen Ausprägung behandelt, besonders im Hinblick auf die vier kulturellen Umfelder, in denen Teppiche geknüpft werden:

nomadisches Umfeld, dörfliches Umfeld, Stadt und große Manufaktur.

Im zweiten Teil des Buches werden die großen Knüpfgebiete vorgestellt: Anatolien, Persien, Kaukasus, Zentralasien, das heißt West- und Ostturkestan, Indien, China sowie das Abendland.

Jedes Knüpfgebiet wird auch historisch betrachtet: Wir gehen darin auf antike Teppiche (von den Ursprüngen bis 1860/1870), auf alte Teppiche (von 1860/1870 bis 1920/1930) und schließlich auf moderne Stücke ein. Besondere Berücksichtigung erfahren die charakteristischen Eigenschaften jedes Knüpfzentrums, anhand derer man die einzelnen Teppiche zuordnen kann. Ein Kirman zum Beispiel weist bestimmte stilistische Eigenheiten auf, die ihn unverwechselbar machen. Dies alles wird mit Fotografien, Karten und Grafiken dokumentiert. Am Ende jedes Kapitels über die großen Knüpfgebiete (Anatolien, Persien, Kaukasus und Zentralasien) finden wir zusammenfassende Tafeln, in denen die spezifischen Eigenschaften der jeweiligen Typen aufgeführt sind.

Die Identifizierung eines Teppichs ist keine leichte Aufgabe; doch erfüllt es den Teppichliebhaber mit großer Befriedigung, wenn er dessen stilistische Eigenheiten richtig erkennen und interpretieren und das Stück somit einem der großen Knüpfgebiete zuordnen kann.

7

WIE MAN SICH DER WELT DES TEPPICHS NÄHERT

◆ Es erscheint wie ein Gemeinplatz, doch wenn wir an Teppiche denken, kommt uns wie selbstverständlich der Orient mit seiner ganz eigenen Atmosphäre in den Sinn. Niemand verbindet das Wort »Teppich« mit dem Abendland, und keiner denkt zum Beispiel an die französischen Wirkteppiche von Aubusson oder der Savonnerie. Diese Assoziierung mit dem Orient ist normal und vollkommen gerechtfertigt, denn dort entstand und entwickelte sich der Teppich, der gleichzeitig ein grundlegendes Element des praktischen, alltäglichen Lebens und eine der großen künstlerischen Leistungen jener Völker darstellt. Es wird also niemanden verwundern, wenn auf diesen Seiten dem Orientteppich ausgesprochen viel Platz eingeräumt wird, insbesondere der antiken und alten Produktion bis ungefähr 1920, die noch nicht völlig von der modernen kommerziellen Nachfrage aus den Ländern Europas und Amerikas verdrängt wurde. Dieses faszinierende handwerkliche Zeugnis stellt in unseren Häusern ein reines Einrichtungsstück dar. Es hat die Aufgabe, den Boden zu bedecken und bleibt dabei teilweise unter den Möbeln verborgen. Für den Orientalen hingegen waren und sind die Teppiche immer die besten Stücke seiner Einrichtung. Er ißt auf Teppichen, schläft auf Teppichen, zieht sich in ein Zimmer zurück, das mit Teppichen ausgelegt ist und hat auch dort sein privates Heiligtum, wo er sich fünfmal

am Tag zum Gebet niederwirft. Und in eben jener engen Verbindung mit dem täglichen Leben muß jedes Exemplar gesehen werden. Nur so können wir seine wahre kulturelle Bedeutung ermessen.

Das Konzept des Stils in der Teppichkunst

Wie können wir als Menschen des Abendlandes so unterschiedliche, weit entfernte kulturelle und künstlerische Ausdrucksformen verstehen? Wie können wir, abgesehen von ästhetischen Kriterien, ein Stück beurteilen? Wenn wir

Gegenüber: Persische Miniatur aus der Zeit von Schah Tahmasp (1524–1576) mit der Darstellung einer üppigen Gartenszene.

Unten: Teppich mit naturalistischer Zeichnung. Persien (Herat?), 16. Jh. Aufgrund seiner großen Dimensionen (350 x 742 cm), der ausschließlichen Verwendung von Seide und der sehr dichten Knüpfung

läßt sich auf ein Produkt aus einer großen höfischen Manufaktur schließen.

zum Beispiel ein Gemälde einschätzen müssen, so helfen uns westliche Auffassungen vom Raum, den Proportionen, der Perspektive und so weiter. In den meisten Fällen kennen wir auch den Urheber des Bildes und das künstlerische Umfeld, in dem es entstanden ist, und wir haben auch Vorstellungen vom Symbolgehalt. Der Teppich hingegen steht all diesen Kriterien ganz fern. Mit Ausnahme einiger außergewöhnlicher Fälle handelt es sich um ein anonymes Produkt, weil es von Anfang an als etwas Lebendiges aufgefaßt wurde, das dem täglichen Gebrauch dient und nicht nur ausgestellt und bewundert werden will. Bei der Betrachtung eines Teppichs müssen wir als erstes festhalten, daß das Ornament nur auf zwei konkreten Elementen beruht: dem Muster oder der Zeichnung und der Farbe. Das Muster kann ganz simpel oder höchst kompliziert, die Farbgebung einfach oder fein abgestuft sein. Ihre wechselseitige Beziehung macht den Stil, den

Charakter, den Geist eines Teppichs aus.

Die Kompositionsschemata und die dekorativen Elemente sind seit Jahrhunderten dieselben, doch die Art der Interpretation und ihre individuelle Verknüpfung sowie die hauptsächlich verwendeten Farben führten zu zahlreichen zeitlich und räumlich gebundenen Stilen. Man kann nach dem kulturellen Umfeld vier grundlegende Typen von Teppichen unterscheiden: den Nomadenteppich, den Teppich aus der kleinen dörflichen Werkstatt, den Teppich aus der spezialisierten städtischen Werkstatt und schließlich den Teppich aus der großen Hofmanufaktur. Je nach seiner kommerziellen Bedeutung, der dekorativen Tradition, der Art des Knüpfstuhls (senkrecht oder waagrecht), der Beschaffenheit des verwendeten Materials und der Art des Knotens nimmt der Teppich von Fall zu Fall einen ganz unterschiedlichen Charakter an: Das Nomadenprodukt wirkt einfach, elementar,

sogar naiv mit wenigen kontrastierenden Farben. Stärker ausgearbeitet fällt der Teppich der dörflichen Werkstatt aus, denn er zeigt abstrakte, geometrische oder stilisierte Muster und ist reich in den Farben. Sehr komplex und raffiniert wirkt der Teppich städtischer Werkstätten; er weist eine Vielzahl geometrischer, stilisierter, floraler Muster auf und zeigt zahlreiche ausgewogene Farben. Beim Teppich der Hofmanufaktur wird diese Raffinesse auf die Spitze getrieben; die Muster wirken sehr komplex, geometrisch und enthalten vor allem Rankenornamente; die Farben sind sehr vielfältig und harmonisch zusammengestellt. Der Stil eines Teppichs wird also von der individuellen Beziehung zwischen Muster und Farbe bestimmt. In entscheidender Weise tragen dazu aber auch die Produktionsstätten bei, die ihrerseits je nach Epoche die Muster und Farben auf der Grundlage ihrer eigenen kulturellen Tradition und der

WIE MAN SICH
DER WELT DES
TEPPICHS NÄHERT

Tekke. Ostturkestan, Ende 19. Jh. Das Hauptmotiv im Mittelfeld ist das Salor-Gül, das die Tekke vom Volk der Saloren übernahmen. Solche Teppiche werden oft pauschal als »Buchara« bezeichnet.

angewandten Techniken festlegen. Wer einen Teppich in seiner Gesamtheit erfassen will, muß alle Komponenten berücksichtigen: Funktion, Stil, Muster, Produktionsort, Geschichte und Technik.

Was der Stil verrät

Nach allgemeiner Auffassung bedeutet das Erkennen eines Teppichs, daß man ihm den Namen des Herkunftsgebietes und somit des Produktionsgebietes zuschreibt. Durch die unterschiedlichen Kombinationen von Mustern und Farben entstanden dekorative Typologien, die nützlich sind für eine Klassifikation. Doch damit ist nicht gesagt, daß es feste Regeln für eine zweifelsfreie Identifizierung nach diesem Schema gäbe. Ein Stil entspricht

nämlich nicht immer einem genau umrissenen, einzigen Herkunftsort. Zur Verwirrung führen auch eher zufällig gewählte, aus Bequemlichkeit entstandene Namen. Das gilt zum Beispiel für das sogenannte »Bucharamuster«, das gar nicht aus dieser Stadt stammt, sondern von turkmenischen Nomaden Zentralasiens geschaffen wurde. Die Stadt Buchara stellte nur das Handels- und Exportzentrum für diese Teppiche mit ihrem einzigartigen geometrischen Muster dar. Die Bestimmung eines Teppichs ist somit alles andere als einfach. Man muß die Zeichnung und die Farben mit typischen Exemplaren aus dem vermuteten Herkunftsgebiet vergleichen und die konstanten Elemente, den Charakter der unterschiedlichen Ele-

mente und die überwiegenden Elemente herausarbeiten. Sich allerdings allein auf die dekorative Typologie zu verlassen, ist gefährlich. Man darf nie vergessen, auch die Eigenschaften des verwendeten Materials sowie eventuelle technische Merkmale zu untersuchen, zum Beispiel die Anzahl der Schußfäden zwischen zwei Knotenreihen, die Farbe der der Kett- oder Schußfäden, das Aussehen der Seitenkanten, den Knotentyp. All diese Angaben zusammen liefern die Grundlage für die Zuordnung eines Teppichs zu einem bestimmten geographischen Gebiet. Angesichts dieser Schwierigkeiten empfiehlt es sich oftmals, Zweifel an der Provenienz eines Teppichs bestehen zu lassen, als sich auf unsichere Angaben zu versteifen.

DER TEPPICH ZWISCHEN WIRKLICHKEIT UND THEORIE

◆ Wenn wir von Teppichen sprechen, so meinen wir im allgemeinen den Knüpfteppich, der auf einem horizontalen oder vertikalen Knüpfstuhl hergestellt wird. Durch die Knüpfung erhält man nicht ein normales Flachgewebe, sondern einen Flor, der die tragende Struktur des Teppichs, das Grundgewebe, unter sich verbirgt. Das Grundgewebe seinerseits ergibt sich durch die Verflechtung der senkrechten Kettfäden mit den waagrechten Schußfäden. Beim Knüpfen werden jeweils zwei Kettfäden miteinander verbunden. Auf jede waagrechte Knüpfreihe folgen eine oder mehrere Schußfäden. Nach jedem Knoten wird der Faden abgeschnitten. Damit erhält man jene charakteristischen »Wollbüschel«, die in ihrer Gesamtheit den Flor eines Teppichs ausmachen. Um ein Muster aufzubauen, verwendet man Fäden unterschiedlicher Farbe und geht dabei so vor, als entspräche jeder Knoten einem Mosaiksteinchen. Es gibt verschiedene Knüpfverfahren. Das Ausgangsmaterial ist jedoch immer dasselbe und besteht aus Wolle, Baumwolle oder, bei wertvolleren Stücken, aus Seide. Da es sich in allen Fällen um organische Fasern handelt, sind sie naturgemäß dem Verfall preisgegeben. Vor allem Schafwolle büßt im Laufe der Zeit ihre Elastizität ein und wird spröde und brüchig. Die verhältnismäßig geringe Haltbarkeit der Ausgangsmaterialien ist der Grund, warum aus älterer Zeit kaum Teppiche

Arbeiten am waagrechten Knüpfstuhl

Arbeiten am senkrechten Knüpfstuhl

erhalten geblieben sind. Aber gleichzeitig liefert uns dies eine Handhabe für die chronologische Zuordnung und die Definition des antiken Teppichs.

Die Ursprünge liegen im dunkeln

Auf die grundlegende Frage, wo und warum der Knüpfteppich entstanden ist, stehen die endgültigen Antworten noch aus, vor allem auch weil uns konkrete dokumentarische Beweise fehlen. So entstanden im Laufe der Zeit zwei Theorien über den Ursprung des Knüpfteppichs. Die erste Theorie behauptet, primitive nomadische Völker hätten den Knüpfteppich vor langer Zeit entwickelt, um sich vor der Kälte des Bodens zu schützen, ohne dafür die Felle ihrer wertvollen Herdentiere opfern zu müssen.

Der Knüpfteppich entstand dieser Auffassung zufolge auf sehr einfachen waagrechten Knüpfstühlen, die leicht zu zerlegen und zu transportieren waren. Der Teppich hatte somit die präzise Aufgabe, ein künstliches Vlies als Ersatz für die natürlichen Felle der Schafe und Ziegen darzustellen. Zu Beginn dieser Erfindung standen somit ganz praktische und keine künstlerischen Erwägungen. Erst nach einiger Zeit habe sich der Wunsch nach Muster und Zeichnung und nach einem Schmuck des Zeltinneren ergeben. Die Teppiche erhielten in der Folge verschiedene Farben und Muster, die sich schließlich zu konstanten Motiven entwickelten. Dann zeigten die Nomadenvölker ihre Erzeugnisse auch seßhaften Dorf- und Stadtbewohnern, die schließlich Gefallen an den kunstvollen Textilien fanden und sich die neue Technik aneigneten. Soweit die erste Theorie.

Für die Anhänger der zweiten Theorie entstand der Knüpfteppich ebenfalls in früher Zeit, doch auf höherer Kulturstufe und bei seßhaften Völkern, die bereits den senkrechten Webstuhl kannten. Das neue Gewebe sei geschaffen worden, um ganz bestimmte ästhetische Bedürfnisse zu befriedigen, nämlich um als Schmuck für die Wohnräume zu dienen. Von Anfang an wohnte dem Teppich somit eine künstlerische Motivation inne, was sich sicher auch durch den Gebrauch bei Feiern und bei höfischen Gelegenheiten zeigte.

DER TEPPICH ZWISCHEN
WIRKLICHKEIT UND THEORIE

Ausschnitt aus dem Pazyrykteppich (200 x 183 cm), unten
die allgemeine Gliederung.
Dieser bisher älteste bekannte
Knüpfteppich wird auf das
5. Jh. v. Chr. datiert.

Erst in der Folge übernahmen nach dieser Theorie die Nomadenvölker das neue Produkt, wobei es unter ihrer Hand viel gröber und primitiver ausgefallen sei, nachdem sie es auf waagrechten Knüpfstühlen fertigen mußten. Die Nomaden paßten die höher entwickelten senkrechten Knüpfstühle dabei ihrer Lebensweise an und funktionierten sie zu waagrechten Webstühlen um.

Im Jahr 1949 erfuhr diese zweite Theorie durch einen archäologischen Fund einen offensichtlich konkreten Beweis. Im Pazyryktal des sibirischen Altaigebirges fand man den Grabhügel eines Skythenfürsten. Durch das Eis konserviert, blieb ein prächtiger, dichtgeknüpfter Teppich fast vollständig erhalten. Zwei besondere Bordüren umgrenzen ihn: Die äußere Bordüre zeigt einen Zug von Pferden und Reitern, die innere eine Reihe von Elchen. Der Teppich läßt sich auf das 5. Jahrhundert vor Christus datieren und stellt somit das älteste Stück dieser Kunstgattung dar. Der Pazyrykteppich scheint mit seiner raffinierten Gestaltung und Ausführung die Hypothese zu bestätigen, daß am Anfang der Knüpfkunst künstlerische Beweggründe standen. Doch vielleicht ist der Streit zwischen den Anhängern der beiden Theorien auch müßig: Nichts spricht gegen die Auffassung, der Knüpfteppich sei in weit zurückliegender Zeit als Schutz vor der Bodenkälte und gleichzeitig als Schmuck für die Wohnung entstanden.

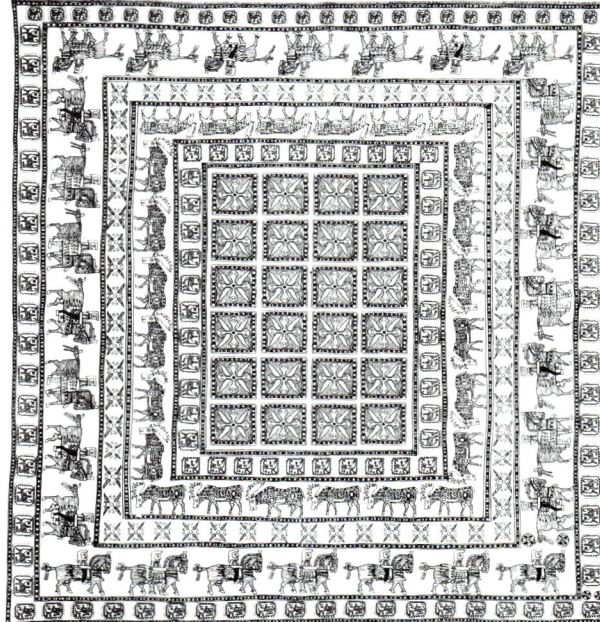

Die Herkunft

Auch bei der Frage nach dem Ursprungsort des Knüpfteppichs ist noch alles in ein dichtes Dunkel gehüllt, schließlich war er im ganzen mittleren Osten verbreitet. Heute hat sich die Ansicht gefestigt, daß die Wiege des Knüpfteppichs

Auf der Karte unten ist die Lage des Pazyryktales in Zentralasien durch ein graues Kästchen gekennzeichnet. Dort wurde der älteste Knüpfteppich der Welt gefunden.

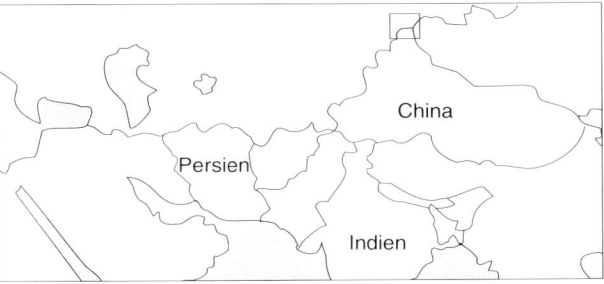

in Zentralasien, genauer in Turkestan liegt, weil von hier die ältesten Fragmente nach dem Pazyrykteppich stammen. Sie gehen auf das 2. bis 3. Jahrhundert nach Christus zurück. Mit den großen Wanderungen soll sich dieses Textilprodukt westwärts nach Persien, in den Kaukasus und nach Anatolien verbreitet haben, ostwärts nach China und einige Zeit später in südlicher Richtung auch nach Indien.

Der Teppich als »lebendiger« Gegenstand

Als typisch orientalisches Produkt erhielt der Teppich in der islamischen Welt eine tiefe Bedeutung und erfuhr dort eine unglaubliche Entwicklung. Bereits gegen Ende des 13. Jahrhunderts schrieb Marco Polo in seinem Reisebericht »Milione« über die Türkei: »Hier stellt man die edelsten Teppiche der Welt mit den schönsten Farben her.«
Im Rahmen der islamischen Kultur wurde der Teppich zu einem Mittel künstlerischen Ausdrucks und gleichzeitig zu einem heiligen Gegenstand. Damit verankerte er sich tief im täglichen Leben. Die Perser nannten ihn Ghali, was soviel heißt wie »etwas, das man mit Füßen tritt«. So fand der Teppich eine eigene tiefe Bedeutung in seinem Wesen als »lebendiges« Objekt, das für den Gebrauch bestimmt ist, verbraucht und konsumiert wird. Im Vergleich zu anderen Kunstgegenständen hat der Teppich nur ein verhältnis-

mäßig kurzes Leben. Wir verstehen somit aber auch leichter, warum antike Stücke so selten sind. Gleichzeitig ergibt sich dadurch die Notwendigkeit einer chronologischen Einordnung und Klassifikation, die sich deutlich von jener unterscheidet, die in der Regel für andere Kunstgegenstände Anwendung findet.

Die zeitliche Einordnung

Für die Einteilung der Teppiche nach ihrem Alter gibt es kein allgemein verbindliches Schema. Meistens verwendet man jedoch die folgenden Begriffe: Antike Teppiche sind traditionelle Stücke, die vor der Einführung der synthetischen Farbstoffe (in der Zeitspanne von 1860 bis 1870) geschaffen wurden. Semiantik oder alt heißen normalerweise Stücke, die von 1860/1870 bis in die ersten Jahre des 20. Jahrhunderts entstanden. Bei ihnen überwiegen noch die traditionellen Merkmale und Farben, auch wenn Veränderungen aufgrund neuer kommerzieller Bedürfnisse zu erkennen sind. Dann folgen die modernen Teppiche, die nach 1920 bis 1930 geschaffen wurden. Sie

paßten sich völlig den Erfordernissen besonders des westlichen Marktes an; Qualität und traditionelle Mustergestaltung litten jedoch darunter. Dieses Klassifikationsschema ist natürlich sehr einfach und dazu noch unpräzise. In abgelegenen Gebieten wurden zum Beispiel noch bis weit in unser Jahrhundert völlig authentische, traditionelle Stücke mit Naturfarben geschaffen, die somit zur Kategorie der antiken Teppiche zu zählen hätten. Knüpfteppiche, die vor 1800 geschaffen wurden, sind so selten, daß sie fast nur noch in Museen und großen Sammlungen anzutreffen sind. Von der Teppichproduktion des 16. und 17. Jahrhunderts sind überwiegend nur Fragmente erhalten geblieben. Im Teppichhandel finden sich somit Stücke aus dem 19. und dem frühen 20. Jahrhundert, die die Jahre naturgemäß am besten überdauert haben.

AUFBAU UND HERSTELLUNG

◆ Die Ausgangsmaterialien für die Herstellung von Teppichen sind seit Jahrhunderten dieselben, nämlich Wolle, Baumwolle und Seide. Dazu kommen noch Gold- und Silberfäden, jedoch nur für außergewöhnlich wertvolle Stücke, die Schahs und anderen Herrschern vorbehalten waren. Natürlich hing die Verwendung der verschiedenen Materialien von ihrer Verfügbarkeit, der Produktionsart und den Anforderungen an das Stück ab. Wolle ist die am häufigsten verwendete Faser, weil sie im ganzen Orient vorhanden ist. Schafwolle wird vorgezogen, doch findet auch Ziegenwolle Verwendung, sporadisch auch Kamelwolle, die allerdings weniger widerstandsfähig und besonders schwer zu färben ist. Bei antiken Teppichen und bei Teppichen nomadischen Ursprungs wurde für das Grundgewebe und den Flor Wolle verwendet; bei alten und modernen Stücken bildet Wolle oft nur noch den Flor.

Baumwolle als widerstandsfähiges Material eignet sich besonders dazu, die Belastungen auszuhalten, denen das Grundgewebe des Teppichs ausgesetzt ist. Nur in seltenen Fällen wird Baumwolle auch für den Flor verwendet, allerdings nur um rein weiße Flächen wiederzugeben. Baumwolle verlangt den Anbau durch seßhafte Völker oder zumindest eine dauerhafte Verfügbarkeit im Handel. Somit fehlt die Baumwolle in der Produktion nomadischer Völker. In dörflichen und städtischen Werkstätten hingegen

wird Baumwolle normalerweise verwendet.

Seide ist das wertvollste und dauerhafteste Material. Sie fühlt sich weich an, hat einen besonderen Glanz und erlaubt eine viel feinere Knüpfung und damit die Herstellung sehr raffinierter Stücke. Seide blieb spezialisierten städtischen Manufakturen vorbehalten. Sie stellten damit Teppiche ausschließlich auf Bestellung her. Seide findet sich vor allem im Flor, entweder als einziges Material oder zusammen mit Wolle, um bestimmten Abschnitten der Musterung ein besonderes Gepräge zu geben. In der Vergangenheit wurde die Seide bei besonders luxuriösen Stücken auch für das Grundgewebe verwendet.

Fasern aus Wolle, Baumwolle und Seide müssen zunächst gezwirnt oder gesponnen werden. Dies ist im Uhrzeiger- und Gegenuhrzeigersinn möglich. Im Uhrzeigersinn gezwirnte Wolle bezeichnen wir mit dem Buchstaben Z, die im Gegenuhrzeigersinn versponnene Wolle mit S. Die entsprechende Analyse des Garns kann bei der Bestimmung eines Teppichs sehr hilfreich sein.

Farben und Farbstoffe

Nach dem Zwirnen wird die Wolle gefärbt. Diese Arbeit übernehmen traditionellerweise die Männer. Bis 1860/1870 gab es ausschließlich Naturfarbstoffe. Danach kamen synthetische Farbstoffe auf den Markt, die durch ihre leichte Handhabung und den niedri-

gen Preis die Naturfarben verdrängten. Die Färbemeister hielten die Rezepte zur Herstellung der Naturfarbstoffe geheim. Sie verwendeten dabei viele pflanzliche Farbstoffe, zum Beispiel Safran, Schalen von Granatäpfeln oder Weinblätter für das Gelb; Schildläuse (Koschenille), Kirschsaft oder Krapp für das Rot; Indigo für verschiedene Blautöne; Walnußschalen, Tabak oder Tee für schwarze bis braune Töne. Teilweise wurde die Wolle in mehreren verschiedenen Färbebädern behandelt. Der Färber wußte, wie lange das Material darin zu belassen war, um einen bestimmten Ton zu erzielen. In jedem Fall war das Färben der Wolle eine langwierige und damit teure Angelegenheit. Als die ersten synthetischen Farben aus Europa eingeführt wurden, stießen sie auf große Begeisterung. Aus diesem Grund spielt die Zeit zwischen 1860 und 1870 eine entscheidende Rolle bei der Datierung eines Teppichs. Die ersten synthetischen Farben waren Anilinfarben. Sie erwiesen sich allerdings bald als nicht lichtecht und als so schädlich für die Fasern, daß sie 1890 auf den Befehl des Schahs hin einfach verboten wurden. Zu Beginn unseres Jahrhunderts wurden sie durch Beizen- oder Chromfarbstoffe ersetzt, die ausgesprochen lichtecht sind und eine ganze Palette von Farben ermöglichen.

Im Zusammenhang mit den Farben verdienen die Abrasch eine besondere Erwähnung: Es handelt sich um Farbabstu-

Oben links: Kirman mit floraler Musterung. Persien, Ende 19. Jh. Der Teppich ist in Seide gearbeitet, was seine Bedeutung unterstreicht.

Oben rechts: Die beiden Drehrichtungen beim Zwirnen oder Spinnen: Im Uhrzeigersinn spricht man von einer Z-Drehung; im Gegenuhrzeigersinn handelt es sich um die S-Drehung.

Unten: Schirwan mit Medaillons. Kaukasus, 19. Jh. Der blaue Fond des Mittelfeldes weist zahlreiche Tonwertabweichungen auf, die sogenannte Abrasch.

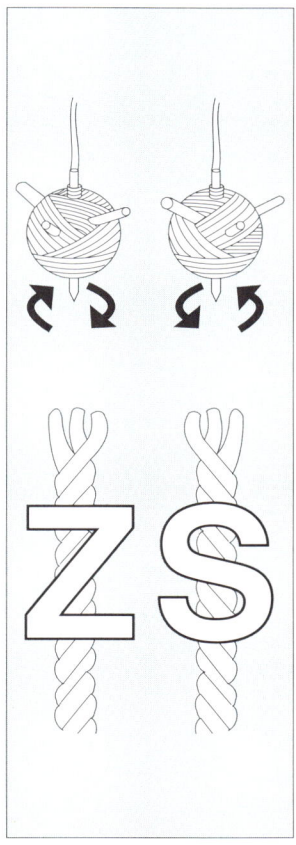

AUFBAU UND HERSTELLUNG

Knüpfstühle, von oben nach unten: Waagrechter Knüpfstuhl; der Teppich wird höchstens so lang und breit wie der Knüpfstuhl. Senkrechter Knüpfstuhl mit festen Querbäumen, Sitzbank höhenverstellbar; der Teppich wird höchstens so lang, wie der Knüpfstuhl hoch ist. Senkrechter Knüpfstuhl mit beweglichem unterem Querbaum; hier kann das fertige Stück Teppich in der Höhe verschoben werden.

fungen im Fond des Teppichs. Sie kommen meistens dadurch zustande, daß die Knüpferin Wolle zwar derselben Farbe, aber nicht derselben Farbpartie verwendet. Dadurch ergeben sich immer gewisse Farbunterschiede, gelegentlich auch erst mit der Zeit. Abrasch wurden von der Knüpferin oft auch eigens eingearbeitet, um dem Teppich eine handwerkliche Authentizität zu verleihen. Manche Völker setzen Abrasch auch bewußt ein, um zu verhindern, daß sie ein vollkommenes Kunstwerk schaffen, das ihrem Glauben nach nur Allah zusteht.

Der Knüpfstuhl

Der Knüpf- oder Webstuhl ist unverzichtbar für die Herstellung eines Teppichs, denn nur er hält während der Herstellung die zahlreichen Kettfäden gespannt und parallel. Man verwendet zwei Arten von Knüpfstühlen: waagrechte und senkrechte. Beide funktionieren aber nach demselben Prinzip: Zwei parallele Querbäume spannen die Kettfäden und halten sie in einem konstanten Abstand voneinander, so daß die Schußfäden zwischen ihnen hindurchtreten können. Auf diese Weise entsteht das Grundgewebe.

Der waagrechte Knüpfstuhl ist kleiner, einfacher gebaut und liegt fast auf dem Boden. Nur nomadische Stämme verwenden ihn, denn man kann ihn auch während der Arbeit auf- und abbauen. Das fertige Stück Teppich, das sogenannte Zeug,

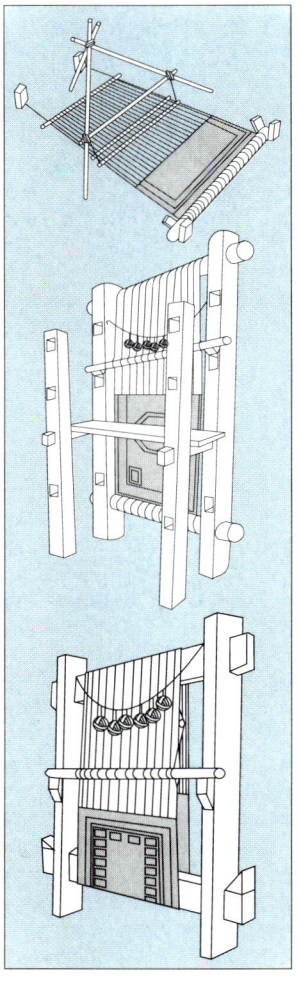

wird dann einfach aufgerollt. Da der waagrechte Knüpfstuhl transportiert werden muß, ist er viel kleiner und erlaubt nur die Herstellung kleiner oder mittelgroßer Teppiche. Die Breite des Teppichs kann nämlich die Maximalbreite des Knüpfstuhles nicht überschreiten. Bei Kelims werden allerdings oft zwei spiegelbildliche Hälften zusammengenäht.

Den senkrechten, weiterentwickelten Knüpfstuhl verwendet die seßhafte Dorf- und Stadtbevölkerung. Er braucht solide Stützstrukturen und wird oft in den Boden eingelassen. Im allgemeinen unterscheidet man drei Typen. Der einfachste hat feste Querbäume und erlaubt somit nur die Herstellung von Teppichen, die die Länge des Webstuhls besitzen. Da die Arbeit von unten nach oben fortschreitet, sitzt die Knüpferin auf einer höhenverstellbaren Bank. Der zweite Typ verfügt über einen beweglichen unteren Querbaum. Die Kettfäden sind doppelt so lang, wie der Webstuhl hoch ist. Das fertige Stück Teppich kann nach unten und auf die Rückseite des Knüpfstuhles verschoben werden. Damit muß die Knüpferin ihren Standort nicht verändern. Der dritte Knüpfstuhl hat drehbar gelagerte Querbäume. Die sehr langen Kettfäden werden auf dem oberen Querbaum, dem Kettbaum, aufgerollt und mit fortschreitender Arbeit auf den unteren Kettbaum gewickelt. Damit ist die Herstellung sehr langer Teppiche möglich, einstmals vor allem in großen höfischen Manufakturen.

Die Knoten

Die Knüpfarbeit, die für dieses Textilerzeugnis typisch ist, wird traditionellerweise von Frauen und sogar von Mädchen durchgeführt. In Hofmanufakturen waren allerdings ausschließlich Männer beschäftigt. Die Arbeit schrei-

Oben: Symmetrischer Knoten, auch Gördesknoten oder türkischer Knoten genannt.
1–3 Knoten um zwei Kettfäden mit unterschiedlicher Staffelung. **4** Zwei Knoten verbinden je zwei Kettfäden.

5 Dschufti-Version des türkischen Knotens, der vier Kettfäden verwendet.

Unten: Asymmetrischer Knoten, auch Sennehknoten oder persischer Knoten genannt.

1–3 Knoten um zwei Kettfäden mit unterschiedlicher Staffelung. **4** Zwei Knoten umschlingen je zwei Kettfäden. **5** Dschufti-Version des persischen Knotens; ein Knoten umschlingt je vier Kettfäden.

tet in waagrechten Reihen von unten nach oben fort. Im Orient verwendete man seit jeher zwei grundlegende Arten von Knoten. Der symmetrische Knoten heißt auch Gördesknoten oder türkischer Knoten, weil er vor allem in diesem Lande verwendet wurde. Der asymmetrische Knoten nennt sich aus dem entsprechenden Grund auch Sennehknoten oder persischer Knoten. Eine scharfe geographische Zuordnung dieser beiden Knotentypen gibt es jedoch nicht. Beide werden überall angewendet, und zur Verwirrung trägt außerdem bei, daß in der persischen Stadt Senneh, dem heutigen Sanandadsch, seit jeher der türkische Knoten Verwendung fand. Eine stilistische Verteilung ist hingegen erkennbar: Der symmetrische Knoten ist größer und quadratisch und eignet sich somit besser für die Gestaltung geometrischer Muster. Der asymmetrische Knoten ist kleiner und unregelmäßiger, und man kann mit ihm besser Rankenornamente darstellen. Beide Knotenformen verbinden normalerweise nur zwei Kettfäden miteinander. Beim symmetrischen Knoten wird der Wollfaden um beide Kettfäden herumgeschlungen und ragt dann zwischen den beiden nach oben. Beim asymmetrischen Knoten wird der Wollfaden nur um einen Kettfaden vollständig geschlungen. Zwischen den beiden Enden des Wollfadens befindet sich der freie Kettfaden. Den Unterschied zwischen dem symmetrischen

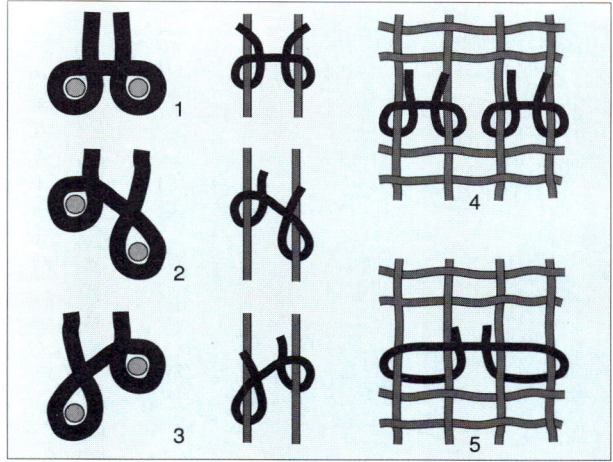

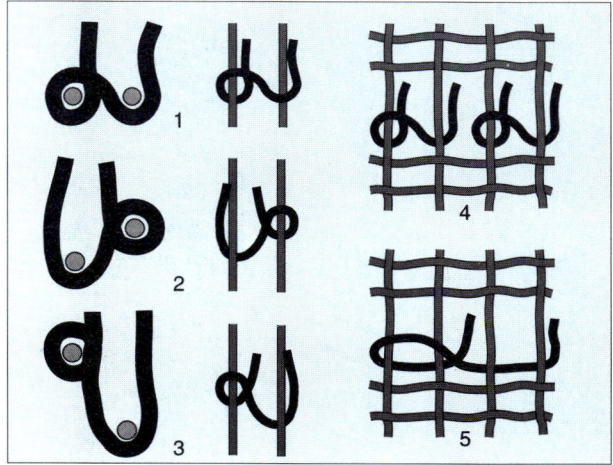

und dem asymmetrischen Knoten kann man erkennen, wenn man den Teppich in Schußrichtung kräftig nach rückwärts aufbiegt. Man bekommt so eine Knotenreihe zu sehen.

Diese beiden Knotentypen weisen auch Nebenformen auf, vor allem den Dschuftiknoten, der um insgesamt vier Kettfäden anstelle von zweien geschlungen wird. Er findet vor

allem in modernen Teppichen Anwendung, um die Herstellung zu beschleunigen, ergibt aber Produkte minderer Qualität. In Wirklichkeit geht der Dschuftiknoten auf eine alte Tradition der iranischen Landschaft Khorasan zurück, wo man damit einen besonderen Relieffeffekt erzeugte. Ein vierter, alter Knotentyp war im Orient fast unbekannt, wurde

AUFBAU UND HERSTELLUNG

Oben: Schematische Darstellung des spanischen Knotens.

Unten: Werkzeuge für die Herstellung von Teppichen: Drei mit einem Haken versehene Messer zum Knüpfen und Abschneiden des Fadens; zweimal je zwei Kämme zum Niederschlagen der Schüsse und der Knotenreihen; besondere flache Schere zum Scheren des Teppichs.

jedoch häufig in Spanien verwendet und heißt deswegen spanischer Knoten. Er wird um einen einzigen Kettfaden geschlungen, abwechselnd jeweils und reihenweise versetzt um gerade oder ungerade Kettfäden. Die beiden freien Enden des Wollfadens stehen dann zu beiden Seiten des Kettfadens.

Die Herstellung

Im Prinzip ist vorgesehen, daß sich eine waagrechte Knotenreihe mit einem oder mehreren Schüssen abwechselt: Nachdem die Kettfäden gespannt (aufgebäumt) sind, setzt die Knüpferin eine erste Knotenreihe, wobei sie sich eines häkchenbewehrten Messers bedient. Im Normalfall folgen darauf zwei Schüsse. Sie bringen die Knoten auf eine Reihe und verstärken das Grundgewebe. Dann schlägt die Knüpferin die Knoten und die Schüsse mit einem besonderen hölzernen oder metallenen Kamm nieder.
Jeder Knoten hat eine bestimmte Farbe. Die Musterung des Teppichs kann frei erfunden oder vorgegeben sein. Die Knüpferin hat das Muster entweder im Kopf oder behilft sich mit einem Karton, einer Vorlage des Teppichmusters auf Millimeterpapier oder gar mit einem Musterstück (Wagireh). In manchen Manufakturen diktiert der Knüpfmeister nach einer geschriebenen Vorlage die Farbe jedes Knotens. Nach der Fertigstellung des Teppichs werden die Kettfäden abgeschnitten und auf unter-

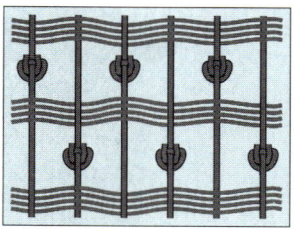

schiedliche Weise zu den Abschlüssen verflochten. Schließlich stellen sie die Fransen dar. Dann wird der Teppich geschoren. Diese Arbeit übernehmen Spezialisten mit besonderen flachen Scheren. Sie bringen den Flor des Teppichs auf die gewünschte Höhe, die meistens je nach Stamm verschieden ausfällt. Schließlich folgt das Waschen unter fließendem Wasser, um die Struktur des Teppichs zu verbessern. Am Ende wird der Teppich an der Sonne getrocknet, um die Lichtechtheit der Farben zu überprüfen und zu auffällige, leuchtende Farben etwas zu brechen.

Kelims und Sumakhs

Seit Jahrhunderten werden im Orient neben den Knüpfteppichen auch Flachgewebe hergestellt. Sie haben keine Knoten und somit auch keinen Flor. Der Schußfaden verstärkt hier nicht nur die Grundstruktur, sondern übernimmt gleichzeitig auch dekorative Funktion. Unter den Flachgeweben gibt es im wesentlichen zwei Typen, den Kelim und den Sumakh.
Die meisten Kelims werden in der Schlitztechnik hergestellt: Der Schuß läuft nicht über die ganze Breite des Teppichs, sondern kehrt dort um, wo die Grenzen des Farbmusters liegen. So entstehen an der Grenze zwischen zwei verschieden gefärbten Gebieten senkrechte Schlitze. Aus Gründen der Stabilität werden sie höchstens zwei Zentimeter lang gehalten und nachträglich auch nicht zugenäht.

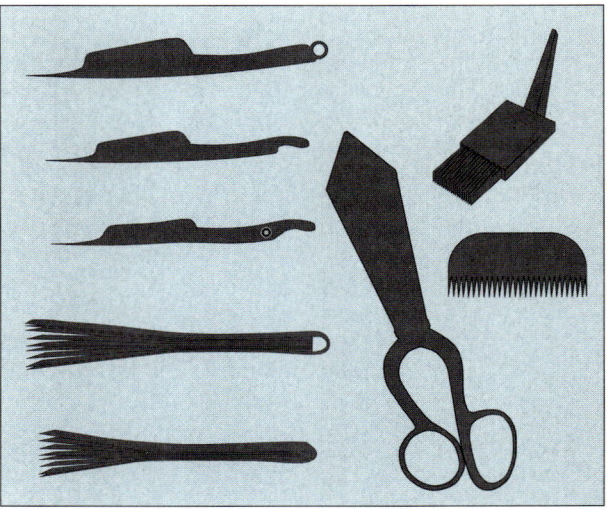

Links: Vier verschiedene Arten, die Kettfäden an den Abschlüssen des Teppichs dauerhaft miteinander zu verbinden.

Rechts: Schematische Darstellung der Schlitzkelimtechnik (oben) und der Sumakhtechnik mit den umschlungenen Kettfäden (unten).

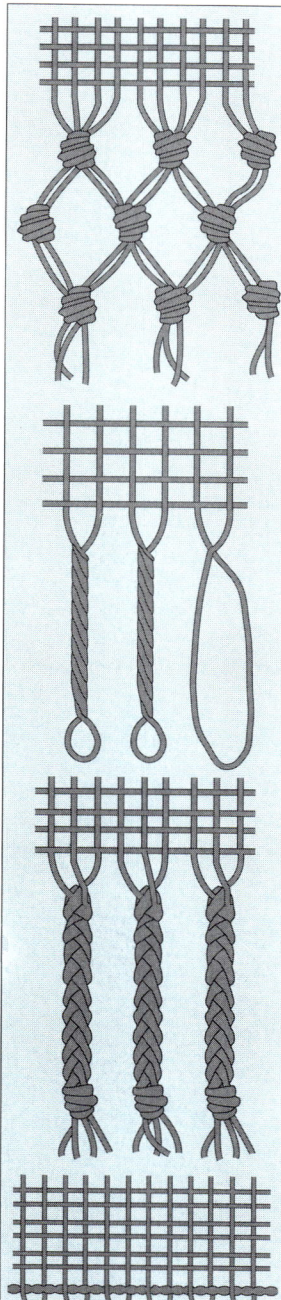

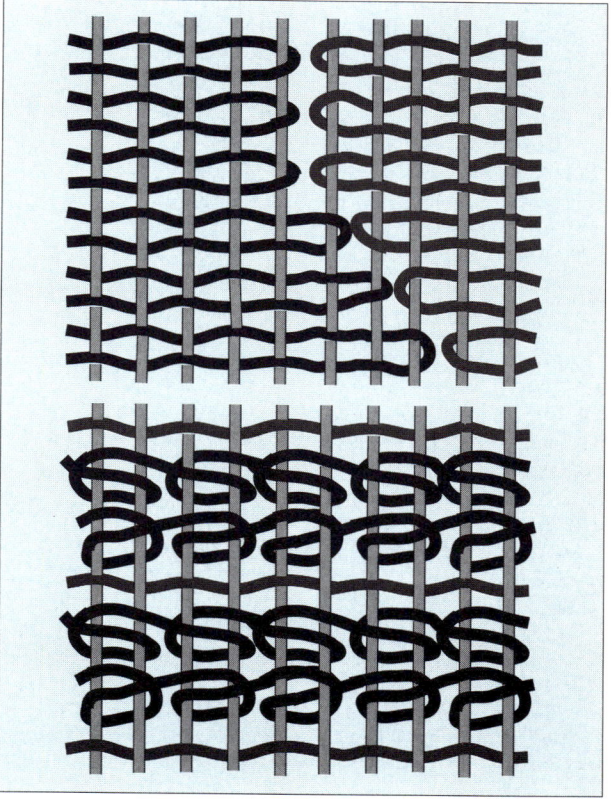

Die Sumakhs werden mit der Technik der umschlungenen Kettfäden hergestellt. Der Schußfaden läuft über drei oder vier Kettfäden und wird dann unter einem oder zwei Kettfäden zurückgeführt. Auf diese Weise erhält man eine Art schräge »Masche«. Die diagonalen Musterschüsse werden immer in derselben Richtung oder abwechselnd in beiden Diagonalen gesetzt und ergeben dann eine Art Fischgrätenmuster.

Die Schlitzkelim- und die Sumakhtechnik sind vor allem bei nomadischen Völkern verbreitet. Sie verwenden sie nicht nur für Teppiche, sondern auch für Gegenstände des täglichen Gebrauchs, zum Beispiel für Taschen, Säcke, Wiegen und Pferdedecken.

19

MUSTER UND STIL

◆ Jeder Teil des Teppichs (Bordüren, Mittelfeld und auch Abschlüsse) kann ein Muster oder Ornament aufweisen. Es wird nach bestimmten Kompositionsschemata angeordnet. So unterscheidet man eine gerichtete, eine ungerichtete und eine zentralisierte Musteranordnung.

Die gerichtete Musteranordnung verfügt über eine einzige Symmetrieachse und nötigt dem Betrachter auch eine ganz bestimmte Blickrichtung auf. Eine solche Struktur können figurale Teppiche (Gartenteppiche oder Tierteppiche) aufweisen. Ein besonders weit verbreitetes Beispiel stellen jedoch die Gebetsteppiche dar. Sie dienen dem gläubigen Moslem als Schutz vor dem Boden, der als unrein betrachtet wird, und helfen ihm mit ihrer Zeichnung, den Körper und somit auch das Gebet nach der heiligen Stadt Mekka auszurichten. Aus diesem Grund dominiert im Feld eine Nische, Mihrab genannt, die unterschiedliche Formen annehmen kann. Der Gläubige kniet sich innerhalb des Mihrabs nieder, berührt mit seinem Kopf den Giebel oder den Bogen der Nische und legt seine Hände in die oberen Ecken. Diese typische Ausprägung des Gebetsteppichs ist in Anatolien seit dem 15. Jahrhundert bekannt und erfuhr in der Folge eine weite Ausbreitung im ganzen Orient.

Teppiche mit ungerichteter Musteranordnung können wir von jeder Richtung aus betrachten. Das Muster des Mit-

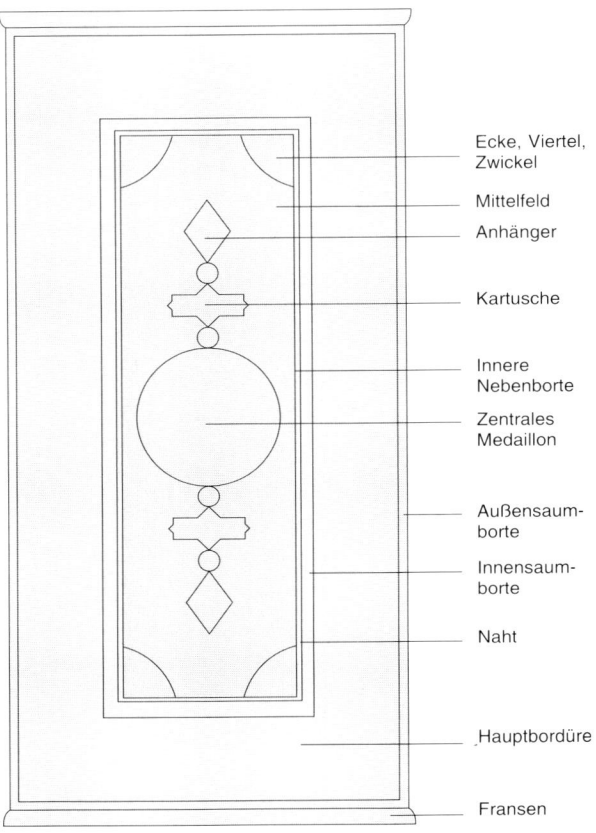

Ecke, Viertel, Zwickel

Mittelfeld

Anhänger

Kartusche

Innere Nebenborte

Zentrales Medaillon

Außensaumborte

Innensaumborte

Naht

Hauptbordüre

Fransen

telfeldes weist keinen besonderen Blickfang auf, sondern besteht aus kontinuierlichen, unter sich gleichen oder sehr ähnlichen Elementen, die sich so oft wiederholen, bis sie das ganze Feld füllen. Man spricht hier auch von einem unendlichen Rapport oder einem voll dessinierten Feld. Die Musterelemente wiederholen sich in geordneter Weise in rechtwinklig oder diagonal aufeinanderstehenden Reihen, bilden ein Gitter oder auch ununterbrochene Spiralen. Diese Anordnung finden wir zum Bei-

spiel bei Teppichen mit Arabeskenornamenten. Das Muster wird bei ihnen durch rankenähnliche Ornamente dominiert, die sich mit geometrischer Regelmäßigkeit über das ganze Mittelfeld erstrecken.

Auch die zentralisierte Musteranordnung läßt sich aus jeder Richtung betrachten, doch weist sie ein zentrales und damit besonders wichtiges Element auf, um das sich die weniger wichtigen Elemente gruppieren. Es handelt sich hier um das zentrale Medaillon mit seinen ganz unterschied-

Gegenüber: Schematische
Feldaufteilung eines Medaillon-
teppichs mit den wichtigsten
Bereichen.

*Unten, von links nach rechts
und von oben nach unten:*
Verschiedene Raumaufteilungen. Gebetsteppich; Mittelfeld
mit Botehs in unendlichem
Flächenrapport; Teppich mit
Arabesken im gesamten

Mittelfeld; Medaillonteppich;
Medaillonteppich mit der Anordnung »4+1«; Teppich mit
drei übereinanderliegenden
Medaillons.

lichen kreisrunden, ovalen,
sternförmigen oder polygonalen Umrissen. Oft läuft das Medaillon in zwei meist tropfen-
förmige Anhänger aus.
Die Musteranordnung mit einem Medaillon ist auch bei den
antiken Stücken am weitesten
verbreitet, die jedoch ganz unterschiedliche Ausprägungen
zeigen. Normalerweise dominiert im Feld ein einziges zentrales, mehr oder minder
großes Medaillon, begleitet
von Ausschnitten weiterer vier
sekundärer Medaillons, die in
den vier Ecken des Mittelfel-

des stehen. Bei dieser Anordnung, die wir »4+1« nennen,
sind die vier sekundären Medaillons ganz ausgebildet und
stehen nahe bei den Vierecken
des Mittelfeldes. Dem zentralen Medaillon bleiben sie weiterhin untergeordnet. Eine
weitere Variante zeigt überein-
anderstehende Medaillons: In
der Längsachse des Teppichs
folgen zwei oder mehr untereinander gleiche Medaillons.
Es ist auch eine Differenzie-
rung in ein zentrales größeres
Medaillon und zwei kleinere
seitliche Medaillons möglich;

auch die umgekehrte Anordnung der Medaillons kommt
zuweilen vor.
Wie wir sehen werden, sind all
diese Musteranordnungen antiken Ursprungs und entstanden im 16. bis 17. Jahrhundert.
Durch die Tradition wurden
sie unverändert weitergegeben, so daß sie sich zu klassischen Anordnungen entwickelten. Bis zum heutigen Tag bestimmen sie das Aussehen der
modernen Teppiche. Auf der
Grundlage dieser verschiedenen Anordnungen werden nun
die Motive gewählt.

Links: Medaillon-Schirwan. Kaukasus, 19. Jh.

Rechts: Täbris, Medaillonteppich. Persien, 19. Jh. Die beiden Beispiele zeigen die ganz unterschiedliche Interpretation desselben Teppichtyps, links im geometrischen Stil, rechts im floralen, kurvilinearen Stil.

Entwicklung von Muster und Stil

Entscheidend für das Aussehen eines Teppichs ist nicht nur die Anordnung der Motive, sondern auch deren Aussehen. Natürlich sind je nach Herkunftsgebiet sehr große Unterschiede zu bemerken. In jedem Fall lassen sich zunächst zwei Stile unterscheiden: der geometrische Stil und der florale Stil. Die Unterscheidung dieser beiden Stile gründet sich auf die Art der verwendeten Linie: Der geometrische Stil verwendet die gerade Linie mit horizontalen, vertikalen und diagonalen Abschnitten und bildet daraus seine verschiedenen Zeichnungselemente. Der florale Stil hingegen verwendet die gekrümmte Linie; deswegen spricht man auch von einem kurvilinearen Stil.

Teppiche des geometrischen Stils werden normalerweise (aber nicht ausschließlich) mit symmetrischen Knoten geknüpft. Diese weisen eine regelmäßigere Form auf und eignen sich somit besser zur Wiedergabe gerader Linien, abstrakter oder stilisierter Figuren, die im verfügbaren Raum gleichmäßig verteilt werden. Der geometrische Stil verleiht den Teppichen einen unmittelbaren, elementaren, bisweilen primitiven Charakter und reflektiert in den meisten Fällen auch eine viel einfachere Arbeitsorganisation. Der geometrische Stil ist nicht umsonst der Stil der kleinen Werkstät-

ten und auch der einzige Stil nomadischer Völker. Sie verwenden nicht nur den waagrechten Knüpfstuhl, sondern überliefern die Muster ihrer Teppiche mündlich von Generation zu Generation. Der geometrische Stil ist überall verbreitet, hat seinen Schwerpunkt aber in Anatolien, im Kaukasus und in Zentralasien. Der florale Stil entstand wahrscheinlich gegen Ende des 15. Jahrhunderts und entwickelte sich im 16. Jahrhundert in Persien. Er verwendet im allgemeinen (aber auch hier nicht ausschließlich) den asymmetrischen Knoten, der sich durch seinen geringeren Umfang und seine unregelmäßige Form besser zur Darstellung auch feinster ge-

krümmter Linien eignet. Der florale Stil brachte vor allem von pflanzlichen Formen bestimmte Muster hervor, zum Beispiel mehr oder minder naturalistisch gehaltene Ranken und Arabesken, in denen gelegentlich auch Tiere und Menschenfiguren erscheinen. Dies verleiht den Teppichen einen komplexen, kleinteiligen, in manchen Fällen sogar unübersichtlichen Charakter. Darin spiegelt sich auch die ebenso komplexe Arbeitsorganisation wider, wobei der Knüpfmeister, auf Persisch (Farsi) Ustad, als Schöpfer des Teppichs eine große Rolle spielt. Die Knüpferinnen besorgen nur noch die Ausführung des Teppichs nach seinen Angaben. Mit diesem Stil fand eine Trennung zwischen der kreativen Gestaltung des Teppichs und seiner Ausführung statt. Dadurch wurden auch die Kartons als Knüpfvorlagen notwendig. Was die geographische Verbreitung anbelangt, so ist der florale Stil seit jeher die Domäne des persischen Teppichs und dessen vornehmster Ausdruck.

Stil und Produktionsbereiche

Die Muster und Motive werden gemäß dem geometrischen oder floralen Stil in die unterschiedlichen Farben und Formen umgesetzt. Dabei treten hinsichtlich der Zeit und des Ortes außerordentlich große Unterschiede auf. Selbst an einem einzigen Produktionsort können Schwankungen mit unerhörter Bandbreite auftreten, so daß eine stilistische Klassifikation, die für alle Stücke gilt und keine Ausnahmen zuläßt, beim Orientteppich völlig unmöglich ist. Wie wir gesehen haben, geht jeder Teppich aus der wechselseitigen Verflechtung von Technik, Geschichte, Tradition und Funktion hervor. Sein gesamter Charakter wird von der Umwelt bestimmt, in der er entsteht. Deswegen können wir nach den vier Produktionsbereichen, die sich im Lauf der Jahrhunderte herausgebildet haben, auch vier große stilistische Gruppen unterscheiden. Wir sind dieser Einteilung in die vier Produktionsbereiche schon früher begegnet. Es han-

MUSTER UND STIL

Lori mit stilisierter floraler Musterung. Persien, Ende 19. Jh. Es handelt sich hier um eine charakteristische Knüpfarbeit persischer Nomaden.

delt sich um den nomadischen Bereich, den Bereich der dörflichen Werkstatt, den der spezialisierten städtischen Werkstatt und schließlich den der großen Hofmanufaktur.

Im nomadischen Bereich ist die Teppichherstellung absolut notwendig für das tägliche Leben. Sie wird deswegen kaum durchgeführt, um einen Gewinn zu erzielen. Die Frauen schaffen auf ihren einfachen waagrechten Webstühlen, die auch während der Arbeit leicht abgebaut und transportiert werden können, kleine (im Mittel 80–120 x 150–200 cm), oft längliche Teppiche. Sie zeigen abstrakte oder sehr elementare, stilisierte, geometrische Muster, wobei jeder einzelne Stamm über ein festgelegtes Musterrepertoire verfügt, das von Generation zu Generation weitergegeben wird. Es werden im allgemeinen nur wenige Farben verwendet, entweder sehr bunte oder sehr dunkle, die oft in einem auffälligen Kontrast zueinander stehen. Der Nomadenteppich erscheint deswegen von einem spontanen, ja beinahe naiven Geist erfüllt, verrät aber auch viel über die stolze Schaffenskraft seiner Schöpferin, und das macht schließlich seinen besonderen Reiz aus.

Die drei anderen Produktionsbereiche sind einer seßhaften Bevölkerung zuzurechnen. Die Menschen können die Wände und Decken ihrer Häuser als Stützen für den weiterentwickelten, viel größeren, senkrechten Knüpfstuhl verwenden. Die kleinen dörf-

Oben: Ausschnitt aus einem Tekke mit typisch geometrischer Musterung. Westturkestan, 19. Jh.

Unten: Medaillonteppich aus Kirman. Persien, 19. Jh. Die beiden ersten Teppiche auf dieser Doppelseite wurden von Nomadenstämmen geknüpft, während der viel raffiniertere Kirman aus einer spezialisier-

ten städtischen Werkstatt stammt.

lichen Werkstätten, in denen man bisweilen auch den waagrechten Knüpfstuhl nicht verschmäht, werden im allgemeinen von den Frauen einer Großfamilie für den eigenen Gebrauch und für einen geringen, wenig einträglichen Handel betrieben. Auch ihre Teppiche zeigen bescheidene Ausmaße, doch sind die Zeichnungen vielfältiger und in stärkerem Maße Einflüssen von außen ausgesetzt. Sie lassen der Kreativität auch mehr Spielraum und beruhen somit nicht ausschließlich auf der von Generation zu Generation weitergegebenen Tradition. In jedem Fall dominieren abstrakte oder stilisierte Formen; die Farben sind zahlreicher und vielfältiger. Diese Teppiche machen im allgemeinen

einen höherentwickelten, ausgeglichenen Eindruck.

Die spezialisierten städtischen Werkstätten verwenden nur noch senkrechte Knüpfstühle und produzieren mittelgroße bis große Teppiche (im Durchschnitt 150–200 x 220–270 cm). Sie sind ausschließlich für den Handel bestimmt, sei es innerhalb des Landes wie auch für den Export. Solche Werkstätten beschäftigen viele Menschen. Im Vergleich zu den beiden vorhergehenden Produktionsbereichen müssen wir einen grundlegenden Unterschied konstatieren: Die Knüpferin ist nur noch für die Ausführung zuständig, während die kreative Gestaltung dem Knüpfmeister oder Ustad obliegt, der die Vorlagen entwirft und die Kartons zeichnet. Auf diese Weise entstehen ausgesprochen komplexe Darstellungen mit einer großen Mustervielfalt; es wird dabei überwiegend der florale, kurvilineare Stil mit zahlreichen perfekt ausgewogenen Farben gepflegt. Die Teppiche solcher städtischen Werkstätten wirken in jeder Hinsicht fein ausgearbeitet und lassen eine große Raffinesse erkennen.

Die Hofmanufakturen stellen einen ganz besonderen Produktionsbereich der Vergangenheit dar. Für die Schahs und andere Herrscher wurden äußerst wertvolle Stücke geschaffen, die zum Teil sehr große Dimensionen aufwiesen; der Ardebilteppich beispielsweise mißt 534 x 1152 cm. Diese höfischen Teppiche wurden von den größten Künstlern ent-

worfen und lassen äußerst raffinierte Muster in vollendetem floralen Stil erkennen. Auf diese Weise wurden abstrakte wie figürliche Formen in einem unglaublichen Farbenspektrum geschaffen. Bisweilen wurden auch wertvolle Gold- und Silberfäden eingeknüpft. Diese seltenen Teppiche, die zum größten Teil nur noch in Museen zu finden sind und bisweilen von ihren Urhebern signiert wurden, wirken exklusiv und außerordentlich prachtvoll und passen damit vollkommen zu dem aufwendigen Leben an den Herrscherhöfen.

Aus den vorherigen Ausführungen könnte man schließen, die Teppiche der beiden zuletztgenannten Produktionsbereiche besäßen einen höheren Wert. Tatsächlich aber haben die Erzeugnisse aller vier Produktionsbereiche ihren Wert und auch ihre Liebhaber. Die Nomadenteppiche weisen zum Beispiel seit jeher den unschätzbaren Vorzug auf, daß sie eine reine Kultur und Tradition widerspiegeln, die nicht von kommerziellen Anforderungen verfälscht wurden.

Die stilgeschichtliche Entwicklung

Auf der Grundlage der vorangegangenen Ausführungen können wir uns ein sehr kurzes allgemeines Bild der historisch-stilistischen Entwicklung des Teppichs machen. Weitere Vertiefungen erfolgen dann bei der Vorstellung der verschiedenen teppichproduzierenden Regionen. Wie der uralte Pazy-

rykteppich zeigt, waren die ersten Muster, die auf Teppichen erschienen, im geometrischen Stil gehalten: Als Schmuck dienten abstrakte oder sehr einfache, stilisierte Formen. Dazu kamen totemartige oder heraldische Formen, wie man auch aus der Nomadenproduktion ersehen kann, die seit jeher in jahrtausendealten Traditionen wurzelt.

Der geometrische Stil, der sich in Anatolien vom 11. bis zum 13. Jahrhundert unter der Dynastie der Seldschuken stark entwickelte, dominierte unangefochten bis zum Ausgang des 15. Jahrhunderts, wobei lediglich eine Aufteilung in einerseits abstrakte und andererseits stilisierte Formen erfolgte. Vom Ende des 15. Jahrhunderts an breitete sich eine neue Formensprache aus, der florale oder kurvilineare Stil. Bei seiner Entstehung waren die soeben aus China eingeführten Blütenformen und Muster beteiligt, zum Beispiel das Wolkenbandmotiv, mythische Tiere und naturalistische Blütendarstellungen, die sich von der Pfingstrose oder der Lotosblüte inspirieren ließen. Diesen neuen Stil erprobten die großen Hofmanufakturen der osmanischen Herrscher und vor allem die hochorganisierten persischen Ateliers der Safaviden. So erfuhr der florale Stil im 16. Jahrhundert eine enorme Entwicklung, nicht zuletzt dank der Zusammenarbeit der größten Künstler jener Zeit. Die Teppiche füllten sich zunehmend mit den kompliziertesten floralen und figür-

lichen Mustern, die durchaus
auch naturalistischen Charakter haben konnten. Man expe-
rimentierte mit neuen Musteranordnungen und stieß auf bisher unbekannte Lösungen, vor
allem auf das Medaillon, das
geradezu zum Protagonisten
jener klassischen Epoche wurde. In dieser ungeheuer kreativen Zeit begannen sich die stilistischen Unterschiede zwischen den beiden wichtigsten
Heimatländern des Orientteppichs stärker abzuzeichnen:
Anatolien zog es vor, weiterhin
der geometrischen Tradition
zu folgen, während Persien
den floralen Stil zu seinem eigenen machte. Im 16. Jahrhundert erschienen die ersten indischen Teppiche, die von den
Mogulherrschern in Auftrag
gegeben worden waren. Sie unterschieden sich durch ihre
äußerst naturgetreuen floralen
Muster, die sich übrigens auch
an abendländischen Herbarien
inspirierten.
In den darauffolgenden Jahrhunderten gab es in Persien,
Anatolien und Indien keine
bedeutsamen Neuentwicklun-
gen. Die klassischen Formeln
stellten eine dauernde Quelle
der Inspiration dar und wurden
anfänglich mit einem gewissen
expressiven Ausdruck wiederholt. Die Teppichproduktion
des Kaukasus und Turkestans
blieb unberührt von den neuen
Strömungen und vertraute
ganz auf die eigene traditionelle geometrische Formenspra-

MUSTER UND STIL

Oben: Ausschnitt aus einem
Mogultepppich mit naturalistischem Dekor. Indien, 16. bis
17. Jh.

Unten: Ausschnitt aus einem
Drachenteppich. Kaukasus,17.Jh.

beitet heute mit sinnentleer-
ten, immer wieder starr wiederholten Motiven. Nachdem
keine Interpretation der alten
Muster mehr erfolgt, wird nur
noch nach den Bedürfnissen
des Marktes geknüpft, wenn
auch oft mit Bravur und großer
Erfahrung. Die Nomadenproduktion stellt auch in diesem
Zusammenhang eine Ausnah-
me dar. Sie lebt isoliert in der
Welt ihrer besonderen Aus-
druckskraft und benutzt weiterhin ihre einfachen, sehr
alten und doch spontanen, aus-
drucksstarken Bilder.

che. China, das über keine antike Teppichtradition verfügte,
fuhr fort mit der ihm ganz eigenen Produktion, für die geometrische, florale und vor
allem symbolische Muster und
Zeichnungen so typisch sind.
Inzwischen wurden im Europa
des 17. Jahrhunderts neben
den spanischen Teppichen, die
es schon seit dem 12. Jahrhundert gab, die großen französischen Wirkteppiche von Aubusson und der Savonnerie
hergestellt. Dazu gesellte sich
im 18. Jahrhundert die englische Produktion.
Gegen Ende des 18. Jahrhunderts erschienen im Orientteppich die ersten abendländischen Einflüsse; sie gingen auf
eine stärkere kulturelle und po-
litische Annäherung der beiden Gebiete zurück. Diese Einflüsse führten zunächst zu einer veränderten Farbgebung,
die nun zu Pastelltönen neigte.
Ihren Höhepunkt fand diese
Entwicklung in der ersten Hälfte des 19. Jahrhunderts in Anatolien im sogenannten Med-

schid-Stil, den man zu Recht
auch türkischen Barock nennt.
Er nahm dekorative Elemente
aus Frankreich auf, zum Beispiel naturalistische Blüten
und Rispen.
Im 19. Jahrhundert begann die
Teppichkunst sich erstmals
kommerziellen Kriterien zu un-
terwerfen, zunächst vor allem
durch die Einführung synthetischer Farbstoffe, dann durch
die zunehmende Wiederho-
lung immer stärker schemati-
sierter Muster und eine Verfla-
chung traditioneller Motive.
Die moderne Produktion ar-

Muster und Symbole

Im Orient hat der Teppich
nicht nur die grundlegenden
praktischen Aufgaben, auf die
wir schon eingegangen sind,
sondern es kommt ihm auch
eine tiefe symbolische Bedeutung zu. In der Tat stellt er einen speziellen, magischen
Raum dar. Die Bordüren entsprechen der Erdkugel und damit dem Bereich des Menschlichen. Sie bilden eine Abgren-
zung zum Mittelfeld, das hingegen das Universum darstellt,

die himmliche Sphäre, das Göttliche. Früher mußte sich das Muster dieser Raumaufteilung völlig anpassen. Es äußerte sich in Elementen mit ornamentalem, spontanem Charakter und in Elementen mit hochsymbolischer Bedeutung.

Im Laufe der Jahrhunderte und mit den kulturhistorischen Veränderungen verloren viele Schmuckelemente symbolischen Charakters ihre Bedeutung und ihre ursprüngliche Form und verwandelten sich in einfache abstrakte Elemente, zum Beispiel die verschiedenen Totems und die uralten Wappenschilde der Stammesvölker, die zu bloßen vieleckigen Medaillons wurden. Andere symbolische Muster haben hingegen ihre Form beibehalten oder sind zumindest noch erkennbar, auch wenn sie auf dem Teppich schließlich nur noch rein ornamentale Funktion haben.

Abgesehen von China, das auf diesem Gebiet eine Sonderstellung einnimmt, müssen wir diese Elemente, die in den unterschiedlichsten Produktionsgebieten auftreten und damit auf alte gemeinsame Religionen und Kulturen zurückgehen, in ihrer ältesten, ursprünglichen Bedeutung zu erfassen versuchen, um zu einem Verständnis zu gelangen und

sie leichter wiederzuerkennen. Die Suche nach den Ursprüngen der Muster muß sich auf die islamische Kultur und die ihr vorangegangenen Kulturen erstrecken, zum Beispiel auf den Schamanismus und den Buddhismus. Die ursprüngliche Auffassung von den Naturkräften als Hort des Guten und des Bösen, die typisch ist für den Schamanismus, und später

MUSTER UND STIL

Oben: Ausschnitt aus einem Granatapfel-Yarkand. Ostturkestan, Ende 19. Jh.

Mitte: Gebetsteppich aus Kirman. Persien, 19. Jh. Bei beiden Teppichen erkennen

wir das Lebensbaummotiv, oben in geometrischer, unten in kurvilinearer Form.

Unten: Ausschnitt aus dem Marby-Teppich. Anatolien, erste Hälfte 15. Jh.

 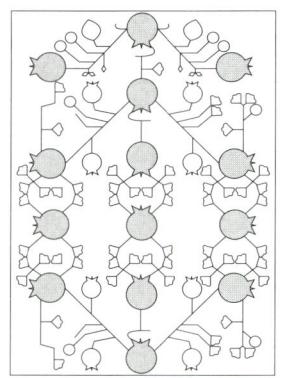

der islamische Glaube an einen undefinierbaren und nicht darstellbaren Gott stellen die theoretischen Grundlagen für den Ursprung dieser Muster dar. Dazu kommen besondere symbolische Darstellungen aus dem Buddhismus, die vom Fernen Osten her eingedrungen sind. Die wichtigsten Darstellungen wollen wir im folgenden behandeln:

Der Baum. Der Baum wird auf Orientteppichen sehr häufig dargestellt. Sind viele Bäume abgebildet, so handelt es sich um die Darstellung eines Gartens. Einzeldarstellungen mit größeren Dimensionen finden wir auf Teppichen Ostturkestans, die zwischen dem 17. und dem 19. Jahrhundert geknüpft wurden. In stilisierter oder naturalistischer Form tritt der Baum auf Teppichen fast aller Knüpfgebiete auf, weil jedermann im Orient seine symbolische Bedeutung kennt. Er stellt hier in der Tat den Baum des Lebens, ein Symbol für die Fruchtbarkeit, die Kontinuität und die Weltenachse dar. In dieser Funktion verbindet der Baum die Unterwelt (die magische Welt), die Erde (die Welt der Menschen) und den Himmel (die göttliche Welt) miteinander. Mit diesem Symbolgehalt finden wir ihn oft auf Gebetsteppichen im Inneren des Mihrab. Andere Male steht ihm ein Vogelpaar zur Seite, das an die Vereinigung in der Ehe und somit an die immerwährende Zeugung erinnert. Indischen Ursprungs ist der legendäre Waq-waq-Baum, dessen Zweige und Früchte in monströse Menschen- und Tierköpfe verwandelt sind. Sie alle schreien »waq-waq«, daher der Name des Baumes. Dieses Motiv spielt auf die Energie, die Bäume verströmen, sowie auf ihre wahrsagerischen Fähigkeiten an und tritt zuerst in indischen Teppichen des 16. Jahrhunderts auf, dann auch in persischen Stücken aus der Safavidenzeit und aus dem 18. Jahrhundert. Oft wird der Baum durch Blumen und andere Pflanzen ersetzt, die einer Vase entspringen; der Bedeutungsgehalt ist derselbe.

Die Wolken. In symbolischer Hinsicht hängen die Wolkendarstellungen mit dem chinesischen Motiv des Wolkenhauptes zusammen. Dieses besteht aus einem Kreis mit vier oder mehr pfeilförmigen, mehrfach gelappten Elementen und erinnert somit an ein Kleeblatt. Dieses Motiv spielt auf das Konzept des Himmelstores an, also des Eingangs in den Himmel, und symbolisiert die Kommunikation mit dem Heiligen und den dadurch gewährten Schutz. Das Wolkenhaupt fand in vereinfachter Form als Wolkenband vom 16. Jahrhundert an Eingang in anatolische und persische Teppiche; als »Kleeblattmotiv« finden wir es auf antiken kaukasischen und vor allem ostturkestanischen Stücken. Das Wolkenband entsteht durch Umwandlung einer einzigen Pfeilspitze des Wolkenhauptes in ein geschwungenes bandförmiges Motiv, das an den griechischen Buchstaben Omega erinnert. Es trägt auch die chinesische Bezeich-

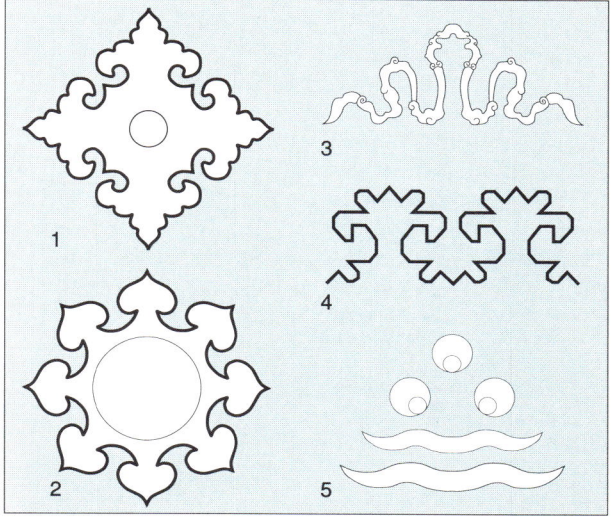

MUSTER UND STIL

nung Tschi. Wir finden es im Mittelfeld der Teppiche, vor allem aber in der Bordüre. Das Kleeblattmotiv stellt die lineare, stilisierte Version des Wolkenhauptes dar. So entstand ein Muster, dessen einzelne Teile Kleeblättern oder Lilien ähneln; sie durchdringen sich gegenseitig und bilden Positiv und Negativ. Dieses Muster finden wir ausschließlich in den Bordüren der Teppiche. Dort unterstreichen das Wolkenband- und das Kleeblattmotiv noch mehr ihre Bedeutung als Tor zum Himmel, denn das Mittelfeld des Teppichs bedeutete den Schutz Gottes. Ein weiteres Motiv in Zusammenhang mit den Wolken ist das Tschintamani, das auch Blitz-und-Donner-Muster genannt wird. Es füllt auf einigen ana-

tolischen Teppichen des 16. Jahrhunderts den gesamten Fond und besteht aus zwei krummlinigen Bändern und darüber drei Kugeln, die eine Pyramide bilden. Über den Ursprung des Tschintamani ist man sich nicht einig: Es scheint, als handle es sich um eine Wiedergabe des Siegels von Tamerlan. Vielleicht geht es auch auf ein altes buddhistisches Symbol zurück. Noch wahrscheinlicher ist, daß es sich um eine Nachahmung gefleckter Tierfelle handelt, etwa eines Leopardenfells, wie es Schamanen während ihrer heiligen Riten verwendeten.

Das zentrale Medaillon. Das Medaillon befindet sich im Zentrum des Mittelfeldes und wird von Bordüren umgeben. Damit kann es nur die göttliche

Gebetsteppich aus Heris. Persien, 19. Jh. An der höchsten Stelle des Giebels ist die heilige Ampel aufgehängt (schematische Darstellung über der Fotografie). Die Blumen im Inneren der Nische (Mihrab) haben dieselbe Bedeutung wie der Lebensbaum.

Sonne darstellen. Diese Bedeutung findet symbolhaft Ausdruck sowohl in den geometrischen Versionen mit vieleckigen Medaillons, die oft die Anordnung »4+1« zeigen, wie sie in Anatolien und im Kaukasus häufig vorkommt, als auch in den kurvilinearen persischen Formen. Die Medaillons fallen dort rundlich oder oval aus und zeigen oft zahlreiche Ausbuchtungen. Es ist auch kein Zufall, daß viele in zwei Anhängern auslaufen (Sonne und Mond) oder von vier Viertelmedaillons in den Ecken des Mittelfeldes begleitet werden. In beiden Fällen verstärken die sekundären Medaillons noch zusätzlich die Symbolbedeutung des zentralen Musters und stellen sogenannte »Sonnenpforten« für die Annäherung an das zentrale Medaillon dar. Gleichzeitig dienen sie als Schutz des Zentrums.

Drei übereinanderliegende Medaillons. Diese Darstellung geht wahrscheinlich auf die buddhistische Symbolik zurück und stellt Buddha zwischen zwei Jüngern dar. Deswegen unterscheidet sich das zentrale Medaillon auch oft durch seine Größe und die Musterung von den beiden seitlichen Medaillons. Die drei Medaillons treten in polygonaler Form häufig im Kaukasus und in Anatolien auf. Eine besondere Verbreitung fand das Muster in Ostturkestan, wo die Medaillons rundliche Formen aufweisen.

Der Gebetsteppich. Der Gebetsteppich ist der islamische Teppich schlechthin, sowohl was die symbolische als auch die praktische Bedeutung anbelangt. Dem ist allerdings hinzuzufügen, daß sich der glaubenstreue Moslem für seine Gebete auf jeden beliebigen Teppich niederknien kann, selbst wenn dieser nicht das Muster eines Gebetsteppichs aufweist. Ein solcher Teppich darf dann aber nur noch für diesen Zweck verwendet werden. Die Nische, der Mihrab, hat die Aufgabe, den Gläubigen nach Mekka auszurichten.

MUSTER UND STIL

Links: Gebetsteppich aus Schirwan. Kaukasus, 19. Jh. Zu beiden Seiten des Mihrab-Giebels erkennen wir die Darstellungen einer stilisierten Hand in roter Farbe.

Rechts: Gartenteppich. Nordwestpersien (Kurdistan), 18. Jh. Die Raumaufteilung reflektiert die Anlage des persischen Gartens mit Wasserläufen und rechteckigen Beeten.

Sie entspricht in der Form genau dem Mihrab, der sich in einer Wand jeder Moschee findet; der Mihrab auf dem Teppich gibt auch die architektonischen Formen des Mihrabs in der Moschee mehr oder minder getreu wieder. Er stellt die Himmelspforte dar, den Eingang zum Wissen und ins Paradies, den sich jeder durch das tägliche Gebet erwerben muß. Gleichzeitig symbolisiert der Mihrab auch einen Zufluchtsort, der den Gläubigen aufnimmt und ihn mit dem Göttlichen in Verbindung bringt. Als heiliger Raum wird er im Inneren oft vom Lebensbaum oder von einer Vase mit Blüten geschmückt. Dargestellt werden auch Wassergefäße in Kannenform für die rituellen Waschungen, wobei auch auf das Wasser des ewigen Lebens angespielt wird. Vom Giebel der Nische hängt die Lampe der Moschee herab, ein Symbol für das göttliche Licht. Auf einigen kaukasischen und persischen Stücken sind an den Ecken der Nische zwei Hände abgebildet. Sie werden unterschiedlich gedeutet: zum Beispiel als die Hand Fatimas, der Tochter Mohammeds, als Anspielung auf die fünf Grundpfeiler des Islams, als Zusammenziehung der arabischen Schriftzeichen für Allah oder, als viel praktischere Lösung, als Hinweis darauf, wohin die Hände bei der Niederwerfung auf den Boden zu legen sind. Diese Zeichnung entstand im 15. Jahrhundert in Anatolien und verbreitete sich im ganzen Orient, auch wenn Anatolien stets das Hauptverbreitungsgebiet dieses Motivs blieb.

Der Garten. In jeder abendwie morgenländischen Kultur hat der Garten etwas mit der Vorstellung des Paradieses zu tun. Es ist kein Zufall, daß das Wort Paradies auf die persische Bezeichnung »pairideieza« zurückgeht, die Garten, umzäuntes Gebiet oder Park bedeutet. Auch für den Islam stellt der idealisierte Garten, wo alles blüht und die vier Ströme des Lebens fließen, die Belohnung für den treuen Gläubigen dar. Um dieses

Ausschnitt aus einem Jagdteppich. Persien, erste Hälfte
16. Jh. Auf einem Hintergrund
aus Ranken und Arabesken sowie weiteren floralen Elementen
verfolgen Jäger auf Pferden
ihre Beutetiere.

Thema darzustellen, inspirierten sich die persischen Künstler des 17. Jahrhunderts an den
Gärten der Schahs. Sie waren
durch wasserführende Kanäle
in Rechtecke oder Quadrate
aufgeteilt. So entstand das regelmäßig aufgebaute Garten-
muster mit Beeten, Bäumen,
Blumen und oft auch Tieren.
Gartenteppiche wurden vor
allem in Kirman und in Kurdistan geknüpft, doch breiteten
sich die entsprechenden Muster auch ostwärts zu den Höfen der indischen Mogulherrscher aus, wobei hier sehr naturalistischen Varianten der
Vorzug gegeben wurde. Un-
beeinflußt davon blieb hingegen die osmanische Hofkunst,
denn in Anatolien überwog das
Bilderverbot der Sunniten.

Die menschliche Figur. In
diesem Zusammenhang muß
das absolute Fehlen einer Symbolbedeutung der menschlichen Figur unterstrichen werden. Im Rahmen der ikonokla-
stischen Kultur des Islams, die
Bilder des Menschen verbot,
konnte dies auch gar nicht anders sein. Die orthodoxe Sun-
na, die auf Berichten und Äuße-
rungen über die Handlungen
des Propheten fußt, verbot aus-
drücklich jede figürliche Darstellung, weil sie zum Götzen-
kult führen könne und eine
Nachahmung der göttlichen
Schöpfung ohnehin unzulässig
sei. Die anatolischen Künstler
am Hofe der osmanischen
Herrscher blieben dieser Vor-
schrift immer treu. Sie gilt allerdings nicht für die persischen Künstler der Safavidenzeit. Sie waren Schiiten und

nahmen in dieser Hinsicht eine
weniger strenge Haltung ein.
Ihrer Auffassung zufolge waren figürliche Darstellungen
gestattet, sofern sie im spiritu-
ellen oder kontemplativen Zusammenhang verwendet wur-
den. Das ist der Grund, wes-
halb auf persischen Teppichen

des 16. Jahrhunderts und in
der Folge auch auf indischen
Stücken mehr und mehr naturalistische Menschen- und
Tierfiguren erschienen. Sie
hatten ausschließlich die Aufgabe, durch epische oder mythische Szenen eine Vorstellung vom Paradies zu geben

Oben: Kaschan mit Tierdarstellungen. Persien, 19. Jh. Es sind vor allem »edle« Tiere in kurvilinearem Stil dargestellt, zum Beispiel Gazellen.

Unten: Darstellungen von Haustieren, wie sie auf Teppichen nomadischer oder dörflicher Produktion auftreten können: 1 Hund; 2 Hahn; 3 Kamel; 4 Dromedar; 5 Pfau; 6 Taube.

oder moralische Auffassungen darzulegen. Dieselben Vorschriften galten auch für die bereits hochentwickelte Miniaturkunst jener Zeit. Auf den Jagdteppichen traten somit Menschenfiguren ohne besondere Bedeutung auf; sie übernahmen niemals eine wichtige Aufgabe in der künstlerischen Gesamtanlage des Teppichs. Auch wenn sie in epischen Darstellungen auftraten, geschah dies nicht aus naturalistischen, sondern rein moralischen Beweggründen. In ähnlicher Weise hat auf den Teppichen keine Figur einen Wert an sich, sondern ist nur im Zusammenhang zu sehen: Es soll mit den Blumen, den Arabesken und den Ranken des Hintergrunds ein idealisiertes Universum dargestellt werden.

Die Jagd. Die Jagd steht in engem Zusammenhang mit dem Thema des Gartens. Die Jagd war im Orient sehr beliebt und diente als Symbol für die Geschicklichkeit, die Kraft und die Beherrschung der Natur. Sie war aber im wesentlichen dem Schah und seinem Hof vorbehalten und besaß daneben auch eine symbolische, spirituelle Bedeutung in Zusammenhang mit dem Paradies. Auf den Jagdteppichen sehen wir bewaffnete Reiter und Beutetiere auf einem dicht von Arabesken, Ranken und anderen floralen Elementen durchsetzten Feld. Auch diese Jagdteppiche wurden an den Safavidenhöfen und besonders in Isfahan geschaffen. Indische Künstler an den Höfen der Mogulherrscher ahmten sie dann

Oben: Ausschnitt aus einem frühen anatolischen Teppich, 15. Jh. Abgebildet sind die ursprünglich chinesischen Fabelwesen Drachen (unten) und Phönix (oben).

Unten: Ausschnitt aus einem Drachenteppich. Kaukasus, Ende 17. Jh. Die beiden Drachen stehen spiegelbildlich zueinander und enden oben wie unten in einem Kopf.

auf stärker naturalistische Weise nach.

Die Tiere. Tierdarstellungen können sich auf reale oder phantastische Tiere beziehen. Edle reale Tiere wie Hirsche, Pferde und Leoparden werden auf persischen Teppichen der Safavidenzeit oft im Kampf miteinander auf einem floral geprägten Hintergrund abgebildet. Deswegen spricht man auch von Tierteppichen. Darstellungen von Haustieren treten als Sekundärelemente in der Nomadenproduktion auf und sind dann durch eine geometrische Stilisierung gekennzeichnet. Reale und phantastische Tiere werden oft im Kampf gegeneinander abgebildet und symbolisieren dann die unvermeidliche Auseinandersetzung zwischen Gut und Böse, zwischen den Geschöpfen der Erde und den kosmischen Kräften. Sie symbolisieren damit auch das Gleichgewicht der Schöpfung. Dieses Thema stammt aus China und verbreitete sich zwischen dem 14. und 15. Jahrhundert in Zentralasien. Altchinesischen Ursprungs sind zwei Fabelwesen, der Drache und der Phönix, der erste als Symbol der Allmacht, der zweite als Sinnbild der Unsterblichkeit. Als Paar symbolisieren sie die eheliche Verbindung oder einen Kampf, der wiederum auf das Kräftegleichgewicht und die Harmonie im Kosmos anspielt. Diese beiden Fabelwesen verbreiteten sich im 14. bis 15. Jahrhundert auch im Westen und inspirierten beispielsweise die alten kaukasischen Drachenteppiche.

MUSTER UND STIL

Die Arabeske. Die rankenförmige Arabeske ist allen arabischen Kunstrichtungen gemeinsam. Sie entstand durch die bilderfeindliche Tradition des Islams, die nur nichtfigürliche Muster und Ornamente zuläßt. Der kontinuierliche Rhythmus der Arabeske, die ohne Ende wiederholt werden kann, erleichtert die Kontemplation. Gleichzeitig umgehen ihre abstrakten Formen die Gefahr des Götzenkultes. Die Arabeske ist eine Linie oder eine Ranke ohne Anfang und Ende – zwangsläufig, denn sie drückt die Suche nach dem Göttlichen und damit nach dem wahrhaft Unbegrenzten aus. Kontinuität und Wiederholbarkeit der Arabeske passen sehr gut zum Horror vacui, der dem Islam eigen ist. Diese Angst vor der Leere äußert sich in einem Unbehagen gegenüber Flächen und Räumen,

die keinerlei Schmuck oder nur wenige starr angeordnete Schmuckelemente enthalten. Auf Teppichen gehören die Arabesken somit ins Mittelfeld, wobei zwei Versionen möglich sind. Die geometrische Version besteht aus einem breiten, regelmäßig gegliederten und gewinkelten, verflochtenen Band, wie es besonders typisch war für die antike anatolische Produktion von Uşak. Die zweite Version ist floral und kurvilinear und bediente sich als Vorlage der Stengel verschiedener pflanzlicher Elemente. Zwischen ihnen entwickeln sich spielerische, sehr dünne, stark gewundene Linien in einem zarten, engen Geflecht. Diese Version, die natürlich schwerer zu knüpfen ist, kam im 16. Jahrhundert in Persien auf und stellte eine der Grundlagen für den neuen floralen oder kurvilinearen Stil dar.

Mustertypen

Die Dekoration des Orientteppichs umfaßt eine Vielzahl unterschiedlichster Schmuckelemente. Eine Gruppe besteht aus kleineren geometrischen Mustern, zum Beispiel achtstrahligen Sternen, Achtecken, hakenkreuzförmigen Swastiken, Kreuzen, konzentrischen Vielecken, s-förmigen Zeichnungen, hakenbewehrten Rauten und so weiter. Sie treten ohne Unterschied an jeder Stelle des Teppichs auf, weil sie hauptsächlich nur die Aufgabe haben, freigebliebene Flächen zu füllen und die Wirkung der Hauptelemente zu unterstützen. Natürlich sind sie vor allem für Teppiche im geometrischen Stil typisch, also für anatolische, kaukasische, turkmenische, nur teilweise auch für persische Stücke.

Schematische Darstellungen
ursprünglich floraler Schmuckelemente: **1** Rosette; **2–6** Palmette in verschiedenen, mehr
oder minder stark kurvilinearen Versionen; **7–9** Drei Versionen des Botehs, eine geometrische, eine florale sowie
eine florale vom Typus
»Mutter-und-Tochter«.

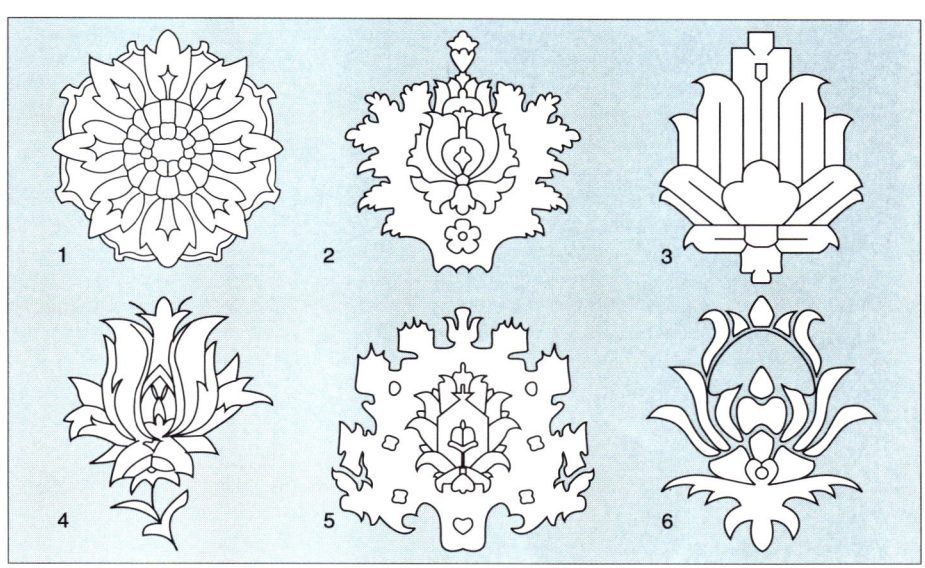

Eine weitere sehr reichhaltige
Gruppe von Schmuckelemen-
ten umfaßt die Blätter und Blüten. Die Blätter sind im allgemeinen lanzettlich geformt,
leicht nach einer Seite geneigt,
mit glattem oder gesägtem
Rand. Die Blüten hingegen
sind je nach Knüpfgebiet sehr
viel formenreicher. Seit jeher
unterscheidet man zwei Typen:
die ovalen oder rundlichen,
symmetrischen und meist mit
Blütenblättern versehenen Rosetten sowie die Palmette, das
wichtigste persische Muster
überhaupt seit dem 16. Jahrhundert. Die Palmette ist antiken Ursprungs und besteht
aus einer Blüte mit nur einer
Symmetrieebene; in der Form
ähnelt sie einem Fächer, einer
Artischocke, einer Knospe oder
einem Weinblatt. Im 17. Jahrhundert kam in Persien eine
besonders fein gearbeitete, reiche Version auf, die nach dem

Herrscher jener Epoche benannt wurde, die Schah-Abbas-
Palmette. Die Palmette findet
auf der gesamten Teppich-
fläche Verwendung. Als einziges Hauptelement finden wir
sie zum Beispiel in der Hauptbordüre als In-and-out-Motiv.
Die Palmette kommt auch oft
zusammen mit dem Herati-Motiv vor. Lotosblüte und Päonie
sind häufig auf chinesischen
Teppichen zu finden, während
naturgetreu dargestellte Blüten für Teppiche aus indischen
Hofmanufakturen vom 16. Jahrhundert an typisch sind.
Unter den zahlreichen
Schmuckelementen des Tep-
pichs ist noch eine weitere
sehr charakteristische Gruppe
zu nennen. Die entsprechenden Motive stammen aus unterschiedlichen (auch weit voneinander entfernten) Gebieten
und bleiben mehr oder minder
gut erkennbar, auch wenn sie

MUSTER UND STIL

unterschiedlich interpretiert werden. Sie können aber auch im Gegensatz dazu für ein einziges geographisches Gebiet typisch sein. Diese Schmuckmotive bestehen aus einem einzigen oder mehreren Elementen und treten im geometrischen wie im floralen Stil auf. Aufgrund ihres häufigsten Auftretens unterscheiden wir Feldmotive und Bordürenmotive.

Motive im Feld

Diese schmückenden Elemente können die einzigen Motive im Mittelfeld sein. Dann stehen sie in Reihen oder sind spiegelbildlich oder auf eine andere Weise regelmäßig angeordnet. Sie können auch mit anderen größeren (Medaillons) oder kleineren Elementen (Rosetten, achtstrahligen Sternen, Swastiken) auftreten. Am häufigsten sind folgende Motive:
Boteh. Boteh und Herati sind weitverbreitete Motive des Orientteppichs. Das Boteh ist im allgemeinen eher klein und erinnert in seiner Form an einen Tropfen oder an den nach einer Seite geneigten Wipfel einer Zypresse. Dem Boteh wurden die unterschiedlichsten Bedeutungen zugesprochen, angefangen von der Mandel über die Flamme des heiligen Feuers der zarathustrischen Religion bis hin zur Träne Buddhas, der Feder, dem Koniferenzapfen oder dem Auge als Schutz vor dem bösen Blick. Auch wenn der Ursprung des Botehs im Dunkeln liegt, so zeigt doch die Bedeutung seines persischen Na-

mens, »Blumenstrauß«, in welcher Richtung er zu suchen ist: Das Boteh stammt wohl aus der Pflanzenwelt. In geometrischer wie kurvilinearer Form wird es oft in parallelen Reihen in großer Zahl über das Mittelfeld gestreut. Es tritt auch zusätzlich zu anderen Schmuckmotiven auf. Das Boteh erscheint erstmals auf Teppichen aus dem 18. Jahrhundert. Im 19. Jahrhundert verbreitete es sich vor allem in Persien, aber auch in Anatolien und im Kaukasus. Als Motiv findet es auch in der Bordüre Verwendung.

Herati. Das Herati-Motiv ist im Orient genauso weit verbreitet wie das Boteh, stammt aber aus älterer Zeit, denn es entstand bereits im 16. Jahrhundert in Persien unter der Dynastie der Safaviden. Der

Name geht auf die wahrscheinliche Ursprungsstadt Herat zurück, die in der zweiten Hälfte des 19. Jahrhunderts in den Besitz Afghanistans überging. Schon in früher Zeit wurden dort Teppiche mit ähn-

lichem Muster geknüpft. Das Herati-Motiv wird von den Knüpfern unterschiedlich interpretiert, so daß man es oft nicht leicht erkennen kann. Es entstand durch ein komplexes Zusammenspiel floraler Elemente: Vier Blüten (im allgemeinen vier Palmetten) stehen an den vier Ecken eines rautenförmigen Elements, das oft aus deren Stengeln gebildet wird. Im Inneren der Raute befindet sich eine kleine rundliche Blüte, während außen vier sichelförmige Lanzettblätter stehen. Durch ihre schmale Form erinnern die Blätter auch an kleine Fische. Im Persischen heißt dieses Motiv deswegen auch »mahi«, was »Fisch« bedeutet. Das Herati-Motiv kann als einziges Schmuckelement auftreten

Links: Schematische Darstellung verschiedener Güls, wie sie typisch sind für die Teppiche aus Westturkestan.

Rechts: Ausschnitt aus einem Tekke. Westturkestan, 19. Jh.

und wiederholt sich dann regelmäßig auf dem ganzen Feld; auf Medaillonteppichen verbindet es sich aber auch mit anderen Elementen. Das Herati entstand im kurvilinearen Stil und wurde im Lauf der Zeit auf so unterschiedliche, auch mehr oder minder geometrische oder naturalistische Weise geknüpft, daß es als das vielfältigste Musterelement gelten kann. Seit dem 16. Jahrhundert ist es in Persien am weitesten

verbreitet, vor allem in Herat und Isfahan. Das Motiv tritt allerdings auch in Bordüren auf. **Gül.** Das Gül oder Göl stellt ein kleines achteckiges, sechseckiges oder rautenförmiges Medaillon mit unterschiedlichen Umrissen dar (geradlinig, eingebuchtet, hakenförmig, gesägt und so weiter). Farblich ist es vierteilig und weist in seinem Inneren kleine geometrische Figuren auf, zum Beispiel unterschiedlich ge-

schmückte achtstrahlige Sterne, Quadrate, Rauten und Rechtecke. Mit Sicherheit kennen wir den Ursprung dieser Motive nicht, doch gibt es zahlreiche Deutungsversuche: Sie reichen von der Rose bis zum Fußabdruck des Elefanten oder Kamels. Die Bezeichnung Gül, die im Türkischen »Rose« heißt, deutet allerdings auf einen vegetabilen Ursprung hin. Bei turkmenischen Teppichen geht das Gül wahrschein-

Oben: Schematische Darstellung verschiedener Wolkenbandmuster.

Unten: Ausschnitt aus einem Teppich mit In-and-out-Palmetten in der Hauptbordüre. Persien (Herat?), Anfang 17. Jh.

lich auf alte Stammeswappen zurück. Da wir nichts Sicheres wissen, bleibt uns nur, die Ähnlichkeit mit viergeteilten, achteckigen Medaillons zu konstatieren, die charakteristisch sind für antike anatolische und kaukasische Stücke. Das Gül stellt das typische Element der westturkestanischen Produktion dar. Es füllt dort das ganze Mittelfeld in parallelen Reihen und wechselt eventuell mit sekundären, polygonalen oder kreuzförmigen Schmuckelementen ab. Es wird irrtümlicherweise im Handel oft auch Buchara-Motiv genannt nach der Stadt, die das Handels-, aber nicht das Produktionszentrum dieser Teppiche war. Das Gül zeigt, wie wir noch sehen werden, je nach dem Stamm in Turkestan ganz unterschiedliche Formen und trägt auch entsprechende Spezialbezeichnungen.

Wolkenband. Dieses altchinesische Motiv besteht aus einem omegaförmig angeordneten, mehr oder minder breiten, gewundenen Band, dem Tschi. Auf den Symbolgehalt sind wir bereits eingegangen. Im Mittelfeld erscheint es in regelmäßiger Anordnung mit unterschiedlicher Ausrichtung, doch stets zusammen mit anderen Schmuckelementen aus der Pflanzenwelt, zum Beispiel mit Palmetten und Arabesken. Dabei ist es von diesen oft fast

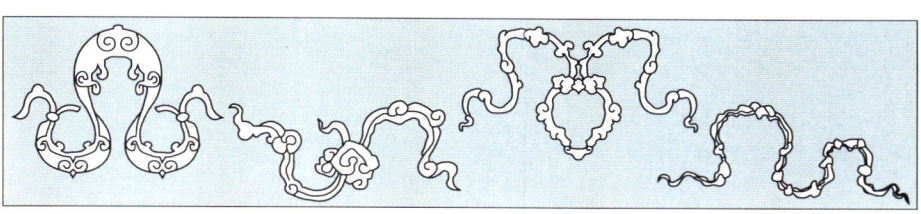

43

MUSTER UND STIL

Oben: Schematische Darstellung des Tschintamani-Motivs bei ganzflächiger Verwendung.

Unten: Schema der drei Elemente des Kharschang-Motivs: Oben die zoomorphe Palmette, in der Mitte die rautenförmige Blüte mit den Blattgabeln, unten die rundliche Blütenform, die einem Zahnrad ähnelt.

nicht zu unterscheiden und hebt sich nur gelegentlich durch größere Dimensionen ab. Das Tschi tritt bereits in floralen persischen und indischen Teppichen des 16. Jahrhunderts auf und hielt sich auch in der Folge als Schmuckelement für das Mittelfeld in Teppichen beider Provenienzen. Die größte Verwendung fand das Wolkenband jedoch in der Bordüre.

Tschintamani. Auch das Tschintamani ist symbolischen Ursprungs. Es besteht aus drei pyramidenförmig angeordneten Kugeln und darunter zwei wellenförmigen Zeichnungen. Im Mittelfeld wird es in versetzten Reihen angeordnet und zwingt dem Betrachter dadurch eine bestimmte Blickrichtung auf. Als dunkles Element auf hellem Fond verleiht es antiken Stücken aus Uşak in Anatolien einen ganz besonderen Reiz.

In-and-out-Palmette. Diese Motivform mit dem englischen Namen finden wir auf Teppichen mit floraler Zeichnung. Die Palmetten bilden eine Reihe, wobei sie jeweils abwechselnd nach innen und nach außen gerichtet sind. Solche Palmetten bedecken zusammen mit weiteren sekundären Schmuckelementen wie Wolkenbändern oder Arabesken das ganze Feld oder finden Platz in der Hauptbordüre. Die In-and-out-Palmette kam im 16. Jahrhundert in Persien auf und fand viel Anklang. In den darauffolgenden Jahrhunderten wurde sie in weniger aufwendigen Versionen mit ver-

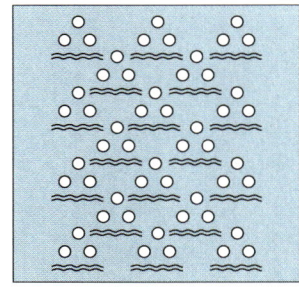

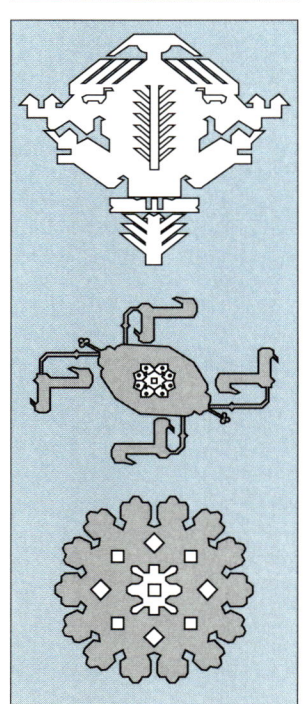

einfachten Umrißlinien immer wieder verwendet.

Kharschang. Es handelt sich dabei um ein komplexes Motiv, das in parallelen Reihen im Mittelfeld angeordnet wird. Es setzt sich aus drei Hauptelementen zusammen, zunächst aus einer Palmette mit starr gegliederten Umrissen. Dann folgt eine rautenförmige,

schräg angeordnete Blüte, der vier geradlinige Stiele entspringen. Jeder Stiel endet dabei in einer gegabelten vegetabilischen Form. Das letzte Element ähnelt einem Zahnrad. Die Bezeichnung Kharschang (»Krebs«) bezieht sich auf die leicht zoomorphe Form der charakteristischen Palmette. Das Motiv geht wahrscheinlich auf persische Vorbilder des 16. Jahrhunderts zurück. Es entwickelte sich im 18. Jahrhundert in Nordpersien (Kurdistan und Aserbeidschan) und im Kaukasus. Im Lauf der Zeit, vor allem während des 19. Jahrhunderts, wurde das komplexe Motiv aufgelöst, so daß in späteren Knüpferzeugnissen nur noch höchstens zwei miteinander verbundene Elemente auftraten. Die geometrisierte Variante wurde typisch für einige kaukasische Erzeugnisse, vor allem aus den Gebieten Kuba und Baku.

Afschan. Dieses Muster ähnelt sehr dem vorhergehenden, unterscheidet sich aber durch die stärkere Vereinfachung. Es wechseln sich stets in parallelen Reihen angeordnete Rosetten- und Palmettenpaare ab. Den Wipfeln dieser Palmetten entspringen gegabelte, vegetabilische Elemente, die eine winzige Blüte umgeben. Das Afschan-Motiv entstammt derselben Vorlage aus dem 16. Jahrhundert wie das Kharschang-Motiv, und es breitete sich wie dieses im 18. Jahrhundert zwischen Nordpersien und dem Kaukasus aus. Im 19. Jahrhundert wurde es vor allem im Kaukasus in immer

Oben links: Ausschnitt aus einem Kuba mit floraler Musterung. Kaukasus, 17. Jh. Deutlich erkennt man das Afschan-Motiv mit den ausgesprochen typischen Blattgabeln.

Rechts: Schematische Darstellungen des Afschan-Motivs (oben) und des Minah-khaneh-Motivs (unten).

Unten: Ausschnitt aus einem Weramin mit floraler Musterung. Persien, moderne Produktion. Dieser Teppich zeigt auf dem gesamten Mittelfeld das Minah-khaneh-Motiv.

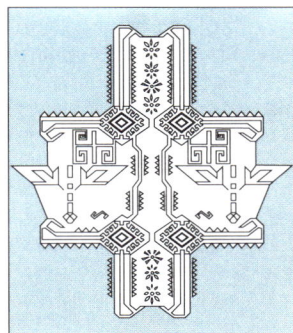

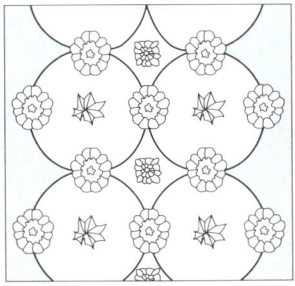

MUSTER UND STIL

Schematische Darstellung des persischen Zil-i-sultan-Motivs. Es besteht aus einer zentralen Blumenvase mit einer Vogeldarstellung zu beiden Seiten.

stärker geometrisierten und vergrößerten Formen verwendet, wie vor allem die Teppiche aus den Gebieten von Kuba und Baku zeigen.

Minah-khaneh. Das Minah-khaneh-Motiv besteht aus vier identischen rundlichen Blüten, die Margeriten ähneln, rautenförmig angeordnet und über einen zarten Stiel miteinander verbunden sind. Im Inneren dieser Blumenraute befindet sich eine weitere, kleinere Blüte, die auch als Edelstein interpretiert wird. Das Minah-khaneh-Motiv wiederholt sich auf dem ganzen Feld, wobei eine Art gitterförmige Struktur entsteht. Das Motiv entwickelte sich im 18. Jahrhundert aus einem Prototyp des 16. Jahrhunderts. Das Ursprungsgebiet ist nicht bekannt; in Frage kommen Kurdistan und Khorasan. Das Motiv wurde vom 19. Jahrhundert an zum charakteristischen Element der Teppiche aus der persischen Stadt Weramin.

Zil-i-sultan. Dieses Motiv ist auch in mehr oder minder naturalistischen Versionen leicht zu erkennen, denn es besteht aus einer Blumenvase mit zwei kleinen Vögeln zu beiden Seiten. Es wird im allgemeinen auf dem ganzen Feld wiederholt. Offensichtlich ist das Zil-i-sultan-Motiv im 19. Jahrhundert in Persien für ein Mitglied des Herrscherhofes entstanden, denn wörtlich übersetzt heißt es »Schatten des Sultans«. Diese Bezeichnung soll sich auf den Erbprinzen Zellol (1786–1825) der Kadjarendynastie oder auf einen der Rat-

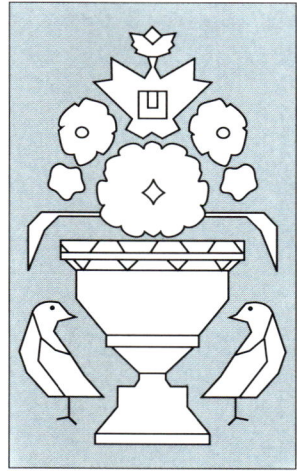

geber des Sultans beziehen. Das Motiv stammt sicher aus dem 19. Jahrhundert und breitete sich anschließend in Westpersien aus, besonders im Gebiet von Malayer.

Motive in der Bordüre

Diese Motive dürfen wir keineswegs als zweitrangig betrachten. Sie vervollständigen nicht nur die Musterung des Teppichs, sondern entscheiden mit ihren Farben und Formen auch über das künstlerische Gleichgewicht, das im Teppich herrschen muß. Da sie auch weniger kulturellen Veränderungen und Modeströmungen als die Motive im Feld ausgesetzt waren, stellen sie oft eine willkommene Hilfe bei der Identifikation und Datierung eines Teppichs dar. Die Außenbezirke des Orientteppichs enthalten zahlreiche Rahmen, deren Idealzahl sieben betragen soll. Wir unterscheiden breite Bordüren – oft

ist nur eine einzige vorhanden – sowie zahlreiche schmalere Borten. Die Grenzlinien zwischen Bordüren und Borten bezeichnen wir als Nähte. Auch die Motive in der Bordüre zeigen eine große Vielfalt. Folgende sind am wichtigsten:

Boteh. Das Boteh der Bordüre ist ganz ähnlich dem des Mittelfeldes und wie dieses weit verbreitet. Es tritt oft als einziges Schmuckelement in kleineren Borten auf, wobei eine einzige Reihe ausgebildet ist. In der Hauptbordüre erscheint es im allgemeinen mit anderen, primären wie sekundären Motiven.

Herati. Das Herati-Motiv der Bordüre ist weniger ausgeprägt als das des Feldes. Als grundlegende Elemente, die sich in einer Reihe dauernd wiederholen, enthält es abwechselnd nur je eine Palmette und eine Rosette. Für die Trennung der beiden Motive sorgen die typischen sichelförmigen Lanzettblätter. Es gibt jedoch so viele weitere verschiedene Formen, daß das Herati-Motiv bisweilen schwer zu erkennen ist. Es entstand im 16. Jahrhundert in Persien und stellt das Unterscheidungsmerkmal für Stücke dieser Provenienz dar. Es breitete sich jedoch auch in weitere Gebiete aus. Im 19. Jahrhundert wurde es in das Schildkrötenmuster umgewandelt. Es erfuhr dabei eine rigorose Geometrisierung, so daß die Palmette eine vage Ähnlichkeit mit einer Schildkröte erhielt.

Wolkenband. In der Ausführung des Wolkenbandes gibt

Schmuckelemente der Bordüren, von oben nach unten: Boteh-Motiv; Herati-Motiv; Schildkröten-Motiv; Herati-Motiv in geometrischer Version; In-and-out-Palmetten; Wolkenband; Kleeblatt, Medachyl-Borte; Kleeblatt in stärker vereinfachter, aber kurvilinearer Form.

es kaum Unterschiede zwischen Mittelfeld und Bordüre. Seine größte Ausbreitung hat es allerdings in der Bordüre, wo es als hauptsächliches Schmuckelement auftritt und auch größere Dimensionen erreicht. Es wird dabei regelmäßig in einer mehr oder minder geometrischen, welligen Form wiederholt. Eine Ausrichtung nach der einen wie der anderen Seite ist wie bei der In-and-out-Palmette möglich. Das Wolkenband wurde schon in den Hauptbordüren der anatolischen Uşakteppiche aus dem 16. Jahrhundert verwendet und war für die Stücke mit Tschintamani-Motiven und die Vogel-Uşaks typisch.

Kleeblätter. Das Kleeblattmotiv ist vom Wolkenhaupt abgeleitet. Bestimmend dabei sind unter sich gleiche Elemente, die Kleeblättern oder stilisierten Linien ähneln. Sie werden kontinuierlich hintereinander angeordnet und durchdringen sich wie Positiv und Negativ gegenseitig, wobei sie eine abwechselnde Orientierung nach der einen und der anderen Seite zeigen. Dazu gehören auch kontrastierende Farben, zum Beispiel Rot und Gelb oder Rot und Blau. Je nach Knüpfgebiet wird das Muster ganz unterschiedlich interpretiert. Es findet sich bereits auf frühen Teppichen Anatoliens und des Kaukasusgebietes; kennzeichnend ist es vor allem für Ostturkestan, wo es großflächig längs der Hauptbordüre vorkommt.

Medachyl-Borte. Bei der Medachyl-Borte handelt es sich

MUSTER UND STIL

Schmuckelemente in den Bordüren, von oben nach unten: Vereinfachte Medachyl-Borte, Zinnenborte; noch stärker vereinfachte Medachyl-Borte, Dreieckborte; chinesisches Mäandermotiv; Laufender Hund; Laufender Hund in vereinfachter Form; klassische Kufi-Flechtband-Bordüre; Kufi-Bordüre in anderer Version; Kufi-Bordüre auf alten anatolischen Stücken, den sogenannten Holbein-Teppichen.

wahrscheinlich um eine Vereinfachung des vorhergehenden Motivs aus dem 19. Jahrhundert. Das Medachyl ist eine reziproke Borte: Darunter versteht man zwei entgegengesetzt laufende, sich durchdringende identische Musterreihen mit unterschiedlichen Farben. Die Medachyl-Borte kann extrem stilisiert und auf einfache rautenförmige Pfeile reduziert sein. Wir sprechen dann von einer Zinnenborte. Eine noch weitergehende Vereinfachung führt zu einer Aufeinanderfolge kleiner zweifarbiger Dreiecke (Dreieckborte). Die Medachyl-Borte ist im einzelnen Teppich nie auffällig ausgebildet und weist eine große geographische Verbreitung auf. Sie schmückt aber vor allem Teppiche des geometrischen Stils, besonders der kaukasischen Produktion.

Laufender Hund. Auch dieses Schmuckmotiv gehört mit größter Wahrscheinlichkeit zur großen Familie jener Elemente, die sich vom Wolkenhaupt ableiten. Es besteht aus zwei unterschiedlich gefärbten Reihen, die einander durchdringen und sich spiegelbildlich zueinander verhalten (reziproke Borte). Die Zeichnung des Laufenden Hundes ist sehr vielfältig. Im typischen Fall besteht sie aus mehr oder minder großen, krummen Haken, in denen man die Köpfe von Hunden erkennen wollte. Der Laufende Hund kann jedoch auch nur als geometrisches, wellenförmiges Muster ausgebildet sein. Dem Namen kommt keine symbolische oder histori-

Schematische Darstellung von Schmuckelementen in den Bordüren, von oben nach unten: Kartuschen nach der klassischen persischen Version; Kartuschen nach der anatolischen Version auf den sogenannten Siebenbürger Teppichen; Kartuschen nach antiken Stücken aus Uşak, den sogenannten Lotto-Teppichen; Tschubukli-Motiv; Kotschanak-Motiv.

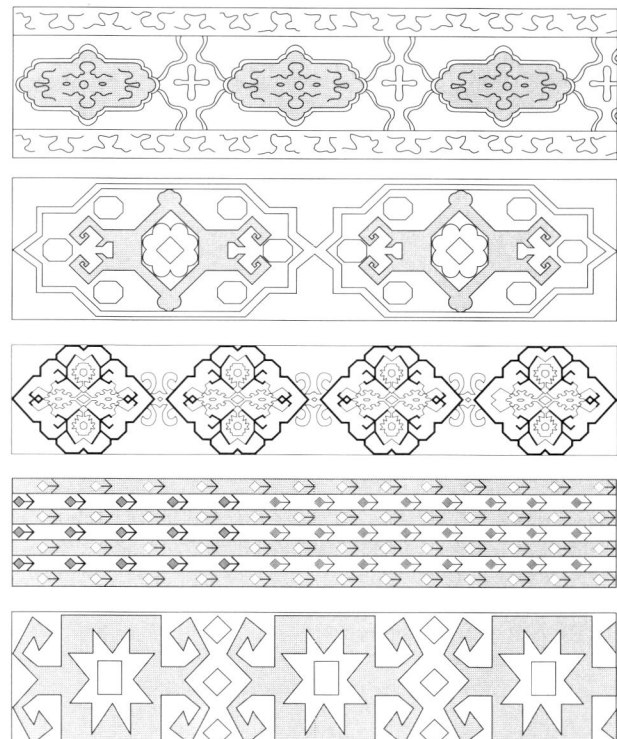

sche Bedeutung zu. Mit dem Laufenden Hund werden weniger bedeutende Borten geschmückt, vor allem im Kaukasusgebiet. Im Nordostkaukasus hingegen tritt das Muster in vergrößerter, feiner ausgearbeiteter Form in Hauptbordüren auf.

Kufi-Bordüre. Es handelt sich hier um eines der verbreitetsten und ältesten Motive, denn wir sehen es schon auf anatolischen Teppichfragmenten aus dem 13. Jahrhundert. Der Name geht auf die ursprüngliche Vorlage zurück, nämlich die kufische Schrift, die vor allem unter den Türken während der Seldschukenzeit Verbreitung fand. Sie verwandelte sich in ein rein dekoratives Element, dessen Schriftcharakter kaum mehr zu erkennen ist. Die Größe und die Ausformung der Kufi-Borte hängen sehr stark vom Produktionsgebiet ab. Stets hat sie aber einen mehr oder minder ausgeprägten geometrischen Charakter. Sie tritt in der Hauptbordüre auf und findet sich vor allem auf kaukasischen und anatolischen Teppichen, besonders auf den antiken Holbein-Teppichen.

Kartuschen. Auch die Kartuschen stellen ein frühes Motiv dar. Sie stammen ursprünglich von den reliefierten Ledereinbänden von Koranausgaben, wo vier- oder vieleckige Rahmen heilige Verse enthielten. Diese Kartuschen wurden im 16. Jahrhundert in Perserteppiche oder Mameluckenteppiche aufgenommen. Dabei verloren sie oft die Inschriften, die durch geometrische oder florale Elemente ersetzt wurden. Nur in Gebetsteppichen behielten sie ihre Rolle als schmuckvolle Rahmen für heilige Verse bei. Die Kartuschen zeigen mehr oder minder geometrische, längliche Formen und treten in den Hauptbordüren vieler Teppiche auf. Besonders typisch sind sie für die antiken Siebenbürger Teppiche, die in Anatolien zwischen der ersten Hälfte des 17. und dem Beginn des 18. Jahrhunderts entstanden.

Tschubukli. Dieses leicht zu erkennende Motiv ist typisch für Anatolien. Die Hauptbordüre besteht dabei aus mehreren langen, schmalen Streifen (im allgemeinen sieben) in zwei abwechselnden Farben, wobei Punkte oder winzige Blüten in regelmäßigen Abständen für eine Auflockerung sorgen. Das Motiv wurde zu Beginn des 19. Jahrhunderts in Anatolien eingeführt und breitete sich in der zweiten Hälfte jenes Jahrhunderts aus. Es ist vor allem für die Teppichproduktion von Gördes und Kula typisch.

Sägezahnmuster. Dieses Motiv besteht aus zwei länglichen, geometrischen Blättern mit gezahntem Rand und dazwischen einem y-förmigen Element, das im typischen Fall an ein Trinkglas erinnert, in Wirklichkeit

MUSTER UND STIL

Schirwan mit drei Medaillons. Kaukasus, 19. Jh. Man beachte die Hauptbordüre mit dem Sägezahnmuster (schematische Darstellung darunter) und die beiden umgebenden Medachyl-Borten. In der Zeichnung un-

ten rechts ist das Kotschanak-Motiv wiedergegeben.

jedoch eine stilisierte Tulpe darstellt. Dieses Motiv wiederholt sich in verschiedenen Farben auf im allgemeinen hellem Grund und bildet dabei die Hauptbordüre. Das Sägeblattmuster ist vor allem für den Kaukasus typisch (»Eichenblattbordüre«), zum Beispiel für Kasaks aus dem 19. Jahrhundert.

Kotschanak. Das Kotschanak-Motiv ist ein quadratisches oder rechteckiges, teilweise geschlossenes und teilweise offenes Hakenmotiv. Wegen seiner Form bezeichnen wir es im Deutschen auch als Widderhorn, weil immer zwei spiegelbildliche Hakenzeichnungen beieinanderstehen. Es sind immer je zwei Widderhörner miteinander verbunden, und im Inneren dieses Musters sehen wir Oktogone, Kreuze oder andere kleine geometrische Elemente. Das Kotschanak-Motiv gehört zu den variabelsten und am weitesten verbreiteten Mustern des Orientteppichs. In besonderem Maße tritt es aber auf westturkestanischen Teppichen auf. Im Mittelfeld tritt es nur gelegentlich auf, und dann auch nur einzeln und verstreut.

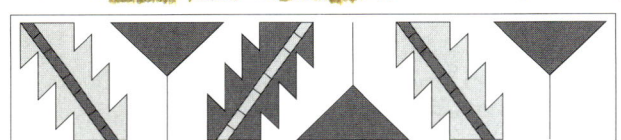

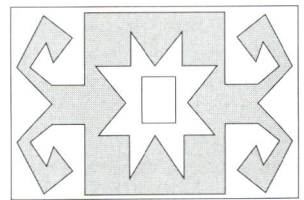

DATIERUNG UND STIL

◆ Es kommt gelegentlich vor, daß man im Mittelfeld oder in der Bordüre des Teppichs die Jahreszahl in türkischen oder persischen Ziffern nach der islamischen Zeitrechnung oder in unseren arabischen Ziffern nach der christlichen Zeitrechnung angegeben findet. In all diesen Fällen muß man große Vorsicht walten lassen, weil die Angaben nicht immer zuverlässig sind: Knüpfer gaben oft eine frühere Jahreszahl an, um den Wert ihres Produkts zu erhöhen. Um von der islamischen zur christlichen Zeitrechnung zu gelangen, muß man die islamische Jahresangabe durch 33,7 teilen, weil das Mondjahr, auf dem die islamische Zeitrechnung fußt, deutlich kürzer ist als unser Sonnenjahr. Den erhaltenen Quotienten zieht man von der Jahresangabe ab und fügt noch 622 hinzu, denn in diesem Jahr unserer Zeitrechnung nahm die islamische Zeitrechnung ihren Anfang. 622 nach Christus fand die Hedschra statt, die Flucht Mohammeds aus Medina.

Wenn entsprechende Angaben wie Jahreszahlen, Inschriften oder auch Unterschriften (sehr selten und auch nur bei alten Stücken aus Hofmanufakturen) fehlen, so ist die Datierung eines Teppichs genauso schwierig wie die Bestimmung seiner Herkunft. Es stellen sich dabei zahlreiche Probleme. Die Schwierigkeiten fangen damit an, daß wir nicht über genügend antike Stücke verfügen, um mit Sicherheit die zeitliche Entwicklung aller Muster und jeder Produktion verfolgen zu können. Dazu kommt, daß wir ganz allgemein im Hinblick auf die verwendeten Muster nicht von stilistischen Perioden oder besonderen Phasen sprechen können, weil die Modelle immer dieselben blieben; die Vorlagen lieferten sozusagen die ältesten Stücke je-

Islamische und arabische Zahlen		
türkisch	persisch	
◆	◆	0
١	١	1
٢	٢	2
٤	٣	3
٤	٤	4
٥	٥	5
٦	٦	6
٧	٧	7
٨	٨	8
٩	٩	9

Auf diesem kaukasischen Teppich aus Daghestan ist das Herstellungsjahr 1890 links nach westlicher, rechts nach islamischer Zeitrechnung wiedergegeben.

51

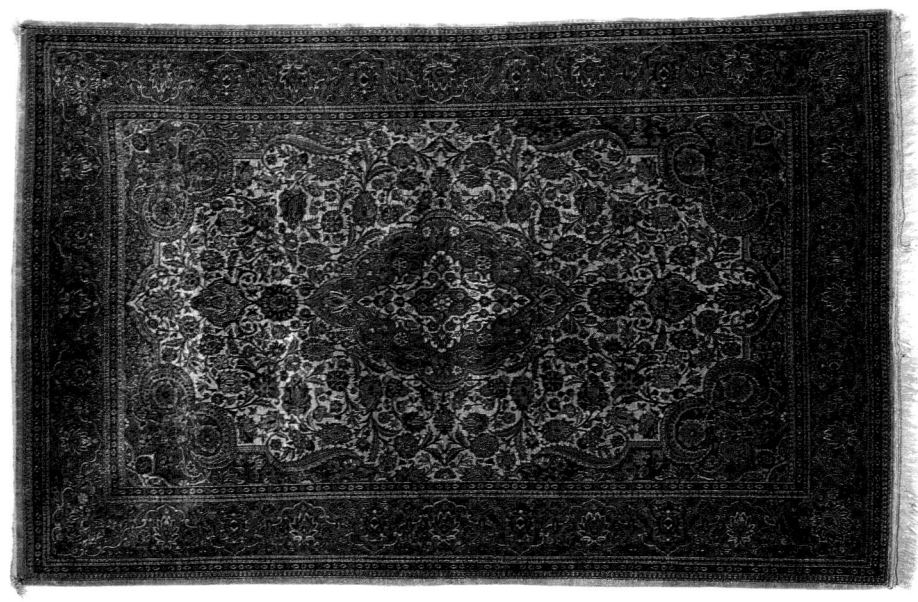

der Produktion. Es reicht aus, wenn wir an die heute noch verbreitetsten Raumaufteilungen denken, den Medaillonteppich und den Gebetsteppich. Wie bei der Bestimmung der Herkunft gibt es nur einen Weg, um das Alter eines Teppichs herauszufinden, wobei es sich immer nur um eine Einordnung in größere Zeiträume handeln kann. Wir müssen dabei auf eine ganzheitliche Untersuchung des Teppichs zurückgreifen und den Erhaltungszustand (nicht immer zuverlässig), die charakteristischen Techniken (synthetische Farben beispielsweise geben uns einen sicheren Hinweis auf eine Entstehungszeit nach 1860 bis 1870) und vor allem den Stil berücksichtigen. Die stilistische Analyse vergleicht den zu datierenden Teppich mit unterschiedlich alten Stücken derselben Herkunft. Dabei berücksichtigt man die allgemeine Qualität der Musterung, die Mustertypen im Mittelfeld und in den Bordüren sowie die Farben. Die Qualität der Musterung ist recht aufschlußreich. Eine klar abgegrenzte, deutliche Zeichnung, ein ausgewogenes Verhältnis zwischen gemusterten und freien Flächen ist normalerweise für die ältesten Stücke typisch. Eine stärker manierierte, steifere oder überladenere Zeichnung wirkt unausgeglichen und ist oft typisch für spätere Stücke. Je reiner die Mustertypen auftreten und je stärker sie an die Tradition gebunden sind, desto älter ist im allgemeinen der Teppich. Eine Veränderung der Motive in Richtung stilisierte, steifere oder im Gegenteil stärker betonte Versionen sind Hinweise für ein geringeres Alter. Eine gewisse Hilfe kann das Vorhandensein eines Schmuckelementes bieten, von dem man weiß, daß es nur von einem bestimmten Zeitpunkt an verwendet wurde. Und auch das Umgekehrte ist möglich, nämlich das Fehlen eines bestimmten Musters, das sich im Laufe der Zeit verloren hat. Auch die Farben sind für die Datierung wichtig, nicht nur in technischer Hinsicht mit der Frage nach Naturfarben oder synthetischen Farben, sondern auch in stilistischer Hinsicht. Die ältesten Teppiche sind im allgemeinen daran zu erkennen, daß sie die kräftigsten und brillantesten Farben in großer Zahl aufweisen. Stücke, die gegen Ende des 18. Jahrhunderts und später entstanden, zeigen eine eingeschränkte Farbpalette, wobei helle Pastelltöne bevorzugt werden. Schließlich muß man sich immer vor Augen halten, daß im

Oben: Medaillonteppich aus Kaschan. Persien, moderne Produktion. Der Vergleich mit dem Exemplar auf der gegenüberliegenden Seite, das ähnliche Muster und Farben aufweist, läßt erkennen, daß der moderne Stil viel steifer und weniger harmonisch wirkt.

Unten: Medaillonkasak. Kaukasus, Ende 19. Jh. Die nicht sehr kräftigen und leuchtenden Farben deuten auf eine späte Entstehungszeit hin, das Stück stammt frühestens vom Ende des 19. Jh.

19. Jahrhundert der Teppich langsam seine ursprüngliche Natur verlor. Viele der traditionellen Nomadenvölker wurden nach und nach seßhaft; ihre Teppiche näherten sich in immer stärkerem Maße den Eigenschaften und Merkmalen der städtischen Produktion an; das gilt sowohl für die Größen als auch für Motive und Muster. Außerdem darf man nicht vergessen, daß der persische Teppich sich im Laufe des 19. Jahrhunderts auch im Abendland immer größerer Beliebtheit erfreute. Er wurde dabei zu einem für den Export bestimmten Handelsprodukt, das den Bedürfnissen des westlichen Marktes genügen mußte. Die sogenannten semi-antiken oder alten Stücke, die im Orient vor allem nach der Zeit zwischen 1860 und 1870 produziert wurden, also nach der Einführung synthetischer Farben, können zwar ein wertvolles Objekt darstellen, zeigen in der Musterung und in der Farbgestaltung aber meistens einen Qualitätsverfall ihrer einstmals besten Eigenschaften.

DIE HERKUNFTSGEBIETE

◆ Der Orientteppich mag einfach oder kompliziert, in geometrischem oder floralem Stil, eher abstrakt oder mehr naturalistisch gemustert sein, aber immer zeigt er eine unglaubliche Vielfalt von Motiven, Mustern und Farben. Durch diese Vielfalt, seine anonyme Natur und seine Vergänglichkeit ist er äußerst schwierig zu datieren und seiner Herkunft nach zu bestimmen. Auf der Grundlage stilistischer und technischer Analogien bildeten sich sieben große Gruppen heraus, die ebenso vielen geographischen Gebieten entsprechen. Jede Gruppe weist unverwechselbare Merkmale auf. Innerhalb jedes dieser sieben Gebiete unterteilt man die Teppiche auf oft konventionelle Weise weiter und verwendet als Kriterien dafür Muster, Herkunftsorte oder die Stämme, die sie hergestellt haben.

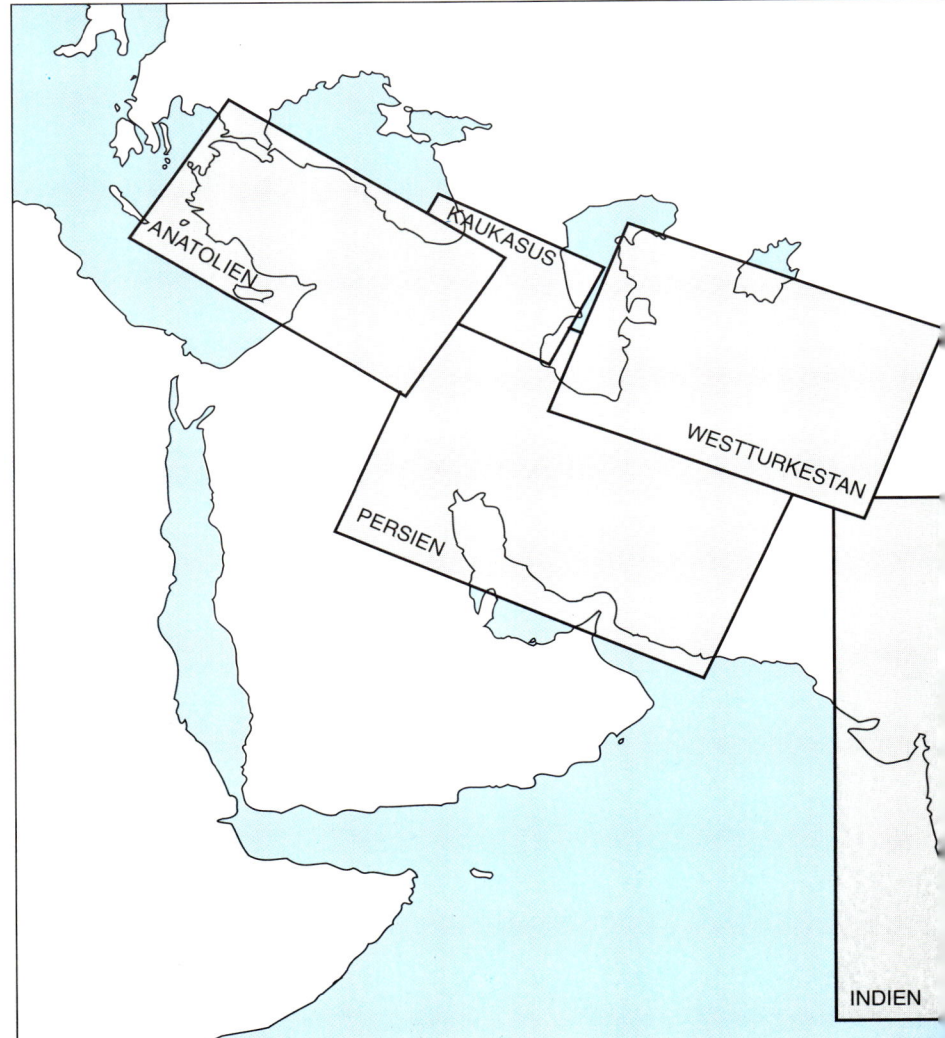

Die Karte zeigt die sieben geographischen Gebiete, in denen Orientteppiche geknüpft wurden.

Die Großgebiete des Orientteppichs sind: Anatolien, Persien, Kaukasus, Indien, Westturkestan, Ostturkestan (das heißt Zentralasien) und China. Innerhalb dieses umfangreichen und komplexen Panoramas fällt es nicht leicht, aufgrund von Mustern und Farben zum Beispiel einen anatolischen Teppich von einem kaukasischen zu unterscheiden. Das gilt natürlich besonders für Stücke, die in den Grenzgebieten geknüpft wurden. Wer Teppiche verschiedener Provenienzen unterscheiden kann, hat jedenfalls schon einen entscheidenden Schritt auf dem Gebiet der Teppichkunde getan.

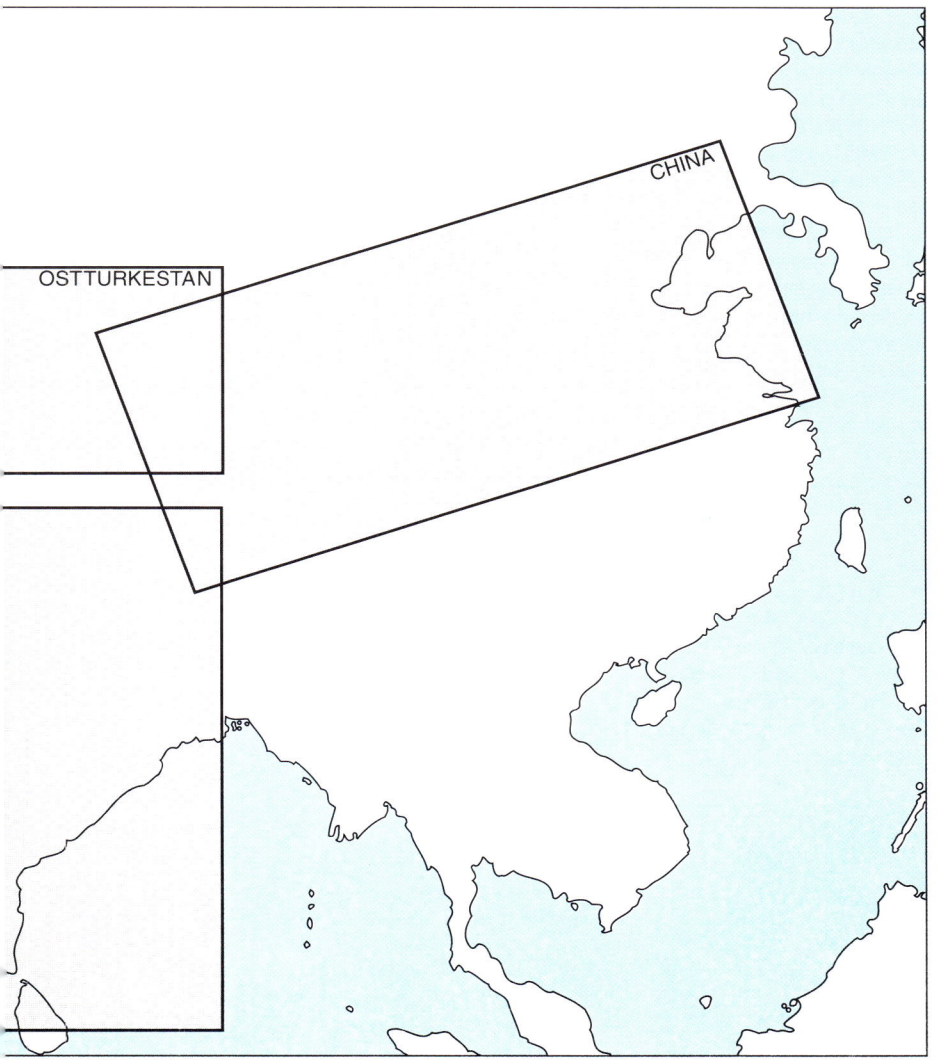

ANATOLIEN

◆ Die anatolischen Teppiche sind stark an die lokalen Traditionen gebunden und lassen zahlreiche religiöse Einflüsse erkennen. Sie zeichnen sich durch ihre Treue gegenüber antiken Feldaufteilungen und Mustern aus. Als Grundlage dient die Kombination oder Wiederholung einfacher bis komplizierter geometrischer Muster. Auch die vorhandenen floralen Elemente werden in extrem stilisierten Formen eingesetzt, während Menschenfiguren und Tierdarstellungen aufgrund der Bilderfeindlichkeit des sunnitischen Islams völlig ausgeschlossen sind. Die Farben sind bunt, lebhaft und leuchtend, wobei eine ausgeprägte Vorliebe für starke Kontraste besteht. Es überwiegen Rot, Gelb, Blau und im allgemeinen warme Farbtöne. Technisch gesehen werden alle anatolischen Teppiche mit Ausnahme einiger Hereke mit dem symmetrischen Knoten geknüpft, der auch türkischer Knoten oder Gördesknoten heißt. Die Formate sind eher klein. Manche Teppiche tendieren entschieden zur quadratischen Form. Der charakteristischste Typ ist der Gebetsteppich, der je nach Produktionsgebiet große Unterschiede aufweisen kann.

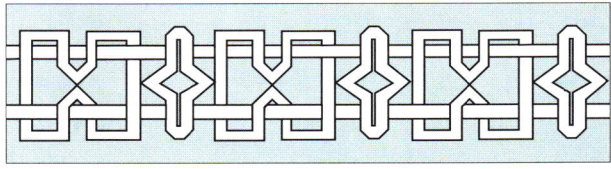

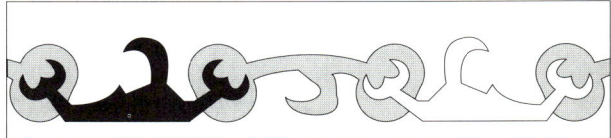

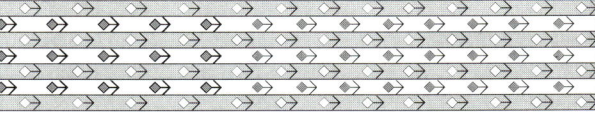

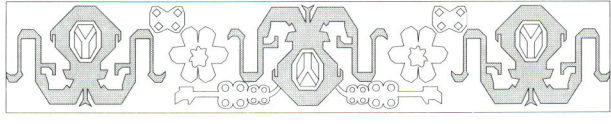

Symmetrischer Knoten, der für Anatolien typisch ist.

Gegenüber: Karte der Türkei mit den wichtigsten Knüpfzentren. Bordüren anatolischer Teppiche, von oben nach unten: Kufi-Bordüre eines Holbein-Teppichs aus Uşak, 16. Jh; Alligatorbordüre, typisch für Kula; Tschubukli-Bordüre, typisch für Gördes; Wolkenbandbordüre aus einem Sternuşak, 17. Jh; stilisierte Nelkenborte, typisch für Kirğehir; Kartuschen-Bordüre aus einem Lotto-Teppich aus Uşak, Anfang 17. Jh.

Unten: Schematische Darstellung verschiedener Nischen (Mihrab) anatolischer Gebetsteppiche: **1–4** Gördes; **5–7** Kula; **8** Ladik; **9–10** Bergama; **11–12** Melas; **13** Mucur; **14–15** Konya; **16** Bandirma.

57

ANATOLIEN

Ausschnitt aus einem fragmentarisch erhaltenen Teppich aus der Zeit der Seldschuken, 13. Jh. Der Stil dieser Zeit zeichnet sich durch die durchgehend geometrische Musterung im Feld mit rechteckigen oder diagonalen Gitternetzen aus. Es können auch auf dem Feld zahlreiche Polygone im unendlichen Flächenrapport stehen. Bei diesem alten Stück erkennen wir den typischen achtstrahligen Stern.

Der anatolische Stil

Die Teppichknüpfkunst wurde im 11. Jahrhundert von der Dynastie der Seldschuken in Anatolien eingeführt. Sie stammten aus Turkestan und herrschten in Kleinasien bis 1299, wobei sie ihre eigene Kultur und den islamischen Glauben verbreiteten. Um vom seldschukischen Stil eine Vorstellung zu bekommen, müssen wir eine Reihe fragmentarischer Stücke aus dem 13. Jahrhundert betrachten. Sie wurden in Zentralanatolien, in Konya und im benachbarten Beyşehir gefunden. Die Teppiche bestehen aus Wolle und wurden mit dem symmetrischen Knoten geknüpft; die Musterung erstreckt sich über das gesamte Mittelfeld. Am häufigsten sind diagonale oder rechteckige Gitterornamente sowie Vielecke in unendlichem Flächenrapport. Achteckige Sterne, hakenbesetzte Oktogone und die Kufi-Bordüre (benannt nach ihrer Ähnlichkeit mit einem von den Seldschuken entwickelten Schrifttyp) stellen charakteristische Elemente dieser Produktion dar. Es handelt sich um grundlegende Motive, die aus der zentralasiatischen Tradition stammen und die Jahrhunderte überdauern sollten. Im Hinblick auf die Farben überwiegen Rottöne, Dunkelblau und Hellblau. Die Produktion dieser Gruppe von Teppichen wird einer hochentwickelten Manufaktur in Konya zugeschrieben, der alten Hauptstadt des Seldschukenreiches.

Eine Gruppe für sich bilden zwei einzigartige Teppiche unsicheren Ursprungs: Der eine ist der Drache-Phönix-Teppich des Islamischen Museums in Berlin, der andere der sogenannte Marby-Teppich. Beide weisen eine ähnliche Zeichnung auf. Auf dem Berliner Stück sind zwei Drachen-Phönix-Paare, auf dem Exemplar von Marby Vögel zu beiden Seiten des Lebensbaumes dargestellt. Die Teppiche wurden auf die erste Hälfte des 15. Jahrhunderts datiert. Es

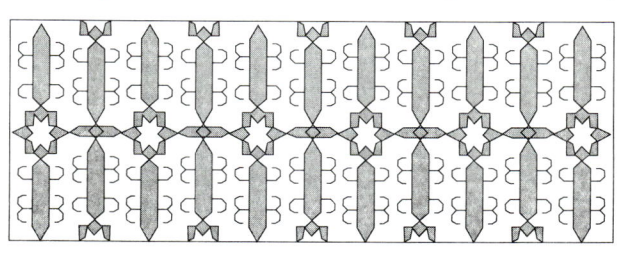

Oben: Darstellung des Lebensbaumes mit zwei stilisierten Vögeln (Marby-Teppich) und das Drache-Phönix-Motiv als Ausdruck kosmischer Harmonie (Berliner Teppich).

Unten: Der berühmte Drache-Phönix-Teppich aus dem Islamischen Museum in Berlin. Erste Hälfte 15. Jh. Der figürliche Stil stellte in der frühen anatolischen Produktion einen Sonderfall dar. Es sind hier glücksbringende Tiere dargestellt, die die Unsterblichkeit des Göttlichen und den Triumph des ewigen Lebens symbolisieren.

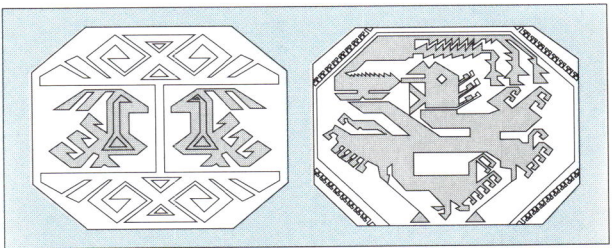

besteht eine Verbindung nicht nur zu seldschukischen, osmanischen und kaukasischen Stücken, sondern auch zu zeitgenössischen byzantinischen Textilien, die ähnliche figürliche Motive aufweisen. Für einen solchen Zusammenhang spricht auch die Tatsache, daß dieser Mustertyp nach der Eroberung von Konstantinopel (1453) durch die Osmanen zusammen mit allen weiteren Tierdarstellungen verschwindet. Dieser Mustertyp hat somit keine Nachfolger mehr. Die seldschukischen Vorbilder hingegen erfuhren unter der neuen osmanischen Dynastie eine große Weiterentwicklung. Die ebenfalls islamischen Osmanen förderten während ihrer langen Regierungszeit (1299–1922) sehr stark die Teppichknüpfkunst.

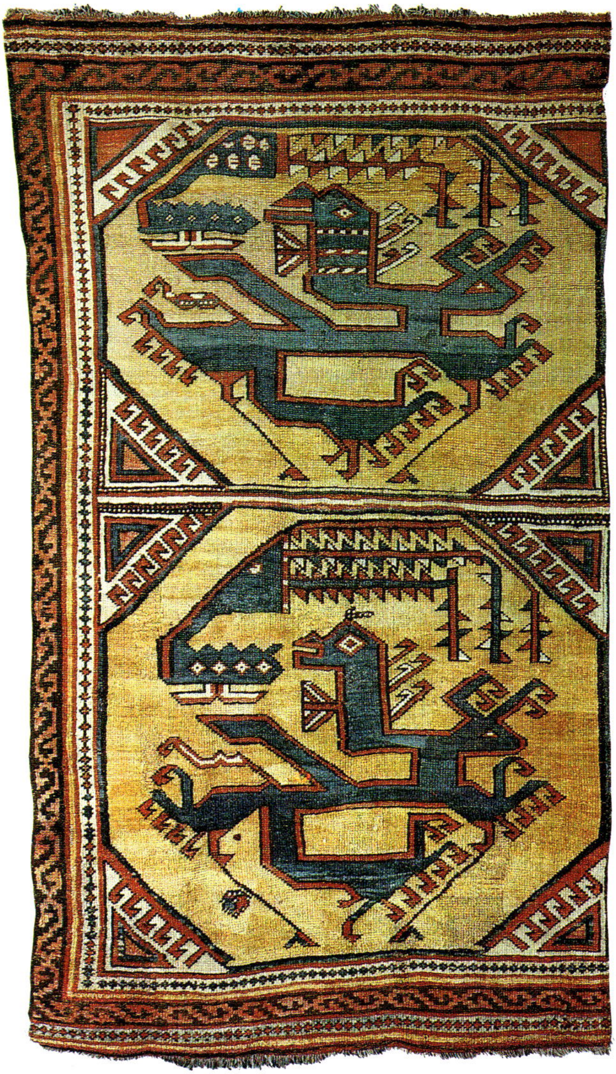

Das 15. und 16. Jahrhundert bildeten den Höhepunkt der Produktion, obwohl aus dieser Zeit nur sehr wenige Exemplare erhalten sind. Indirektes Zeugnis davon legt die abendländische Malerei ab. Italienische und nordeuropäische Maler stellten auf ihren Bildern oft Teppiche dar, die damals im Westen verbreitet waren und ausschließlich aus dem nahen Anatolien eingeführt wurden. Ihre Muster und Motive haben sich, wenn auch in veränderter Form, bis ins 19. und 20. Jahrhundert erhalten. Aus diesem Grunde bezeichnet man einige anatolische Teppichtypen nach den Malern, die sie auf ihren Bildern dargestellt haben.

ANATOLIEN

Maler und Teppiche

Die Holbein-Teppiche sind nach dem deutschen Maler Hans Holbein dem Jüngeren (1497/98–1543) benannt. Sie lassen erkennen, daß die traditionellen seldschukischen Muster in veränderter Form überlebten. Aufgrund der Verteilung und der Größe der raffinierten geometrischen Medaillons unterscheiden wir die Holbein-Teppiche mit großer Musterung und die Holbeinteppiche mit kleiner Musterung. Bei den zuletzt genannten sind kleine Achtecke, die oft einen Stern enthalten, in regelmäßigen Reihen über das Feld verteilt. Sie werden von geometrischen Arabesken eingeschlossen, die ihrerseits ein typisches dreieckiges herzförmiges Muster ergeben. Die Holbein-Teppiche mit großer Musterung heißen auch Kassetten-Medaillon-Teppiche und zeigen nur zwei oder drei große Oktogone, die verschiedene Elemente einschließen, zum Beispiel achtstrahlige Sterne. Beide Typen sind im allgemeinen in eher kleinen Formaten enthalten und zeigen klare Farben, bei denen Rot und Blau deutlich überwiegen. Die Bordüren zeigen kufische Schriftzeichen oder ein Kleeblattmuster. Die Holbein-Teppiche sind die Erben der seldschukischen Tradition nicht nur im Hinblick auf die Muster, sondern auch auf die ausgeprägte geometrische Sensibilität; vor allem in der späteren Produktion hatten sie großen Erfolg. Vom 17. Jahrhundert an verlor die Kompo-

Gegenüber oben: Holbein-Teppich mit kleiner Musterung, Uşak, 16. Jh. Typisch sind die durchgängige Musterung mit kleinen Oktogonen sowie die Kufi-Bordüre.

Gegenüber unten: Ausschnitt aus einem Gemälde von Hans Holbein dem Jüngeren. Darauf ist ein Holbein-Teppich mit großer Musterung, ein sogenannter Kassetten-Medaillon-Teppich, erkennbar.

Unten: Lotto-Teppich aus Uşak. Anfang 17. Jh. Die Grafiken geben den zentralen Teil der Arabeske (oben) und die Hauptbordüre (unten) wieder. Diese wurden in den Lotto-Teppichen vom 17. Jh. an verwendet.

sition langsam die ursprüngliche Strenge und wurde konfus und unordentlich. Als Herstellungszentren der ältesten Holbein-Teppiche mit kleiner Musterung gilt Uşak, für die Stücke mit großer Musterung war Bergama, das antike Pergamon, das Zentrum.

Zu einer anderen Gruppe gehören die Lotto-Teppiche, die nach dem venezianischen Maler Lorenzo Lotto (1480– um 1556) benannt sind. Sie sind leicht zu erkennen: Auf im allgemeinen leuchtend rotem Feld befindet sich ein gelbes Gitternetz aus geometrischen Arabesken; wir erkennen dabei kreuzförmige Elemente, die mit oktogonalen oder rautenförmigen Elementen abwechseln. Die ältesten Stücke (Ende des 15. bis 16. Jahrhundert) weisen eine Kufi-Bordüre auf, während Teppiche vom Anfang des 17. Jahrhunderts an Kartuschen- oder Wolkenbandbordüren zeigen. Die Lotto-Teppiche wurden in großem Umfang in den Westen exportiert und bis zum Beginn des 18. Jahrhunderts hergestellt. Die Lot-

Medaillon-Uşak. 16. bis 17. Jh.
Solche Teppiche wurden in
höfischen Manufakturen hergestellt. Typisch ist die rundliche Form des zentralen
Medaillons und die polygonale,
stärker eingebuchtete Form
der übrigen vier Medaillons in
den Zwickeln.

to-Teppiche wurden in der
Stadt Uşak produziert und stellen einen der Höhepunkte der
Knüpfkunst dar: Sie waren im-
stande, neuen, komplizierteren
Mustern Ausdruck zu verleihen, ohne die geometrische
Raumaufteilung und die Vorlagen der seldschukischen Tradition aufzugeben.

Die höfische Produktion

Die Umgebung von Uşak stellte im 16. und 17. Jahrhundert
das wichtigste Produktionszentrum dar. Es lebte vor allem
von Aufträgen der Sultane und
osmanischer Fürsten. In den
Hofmanufakturen arbeiteten
Künstler für die Knüpfmeister
neue komplizierte und raffinierte Muster aus. Im Vergleich zum früheren lokalen
geometrischen Stil standen sie
nun dem zu jener Zeit in Persi-
en entwickelten floralen Stil
mit den typischen kurvilinearen Formen deutlich näher.
Die Medaillon-Uşaks sind die
anatolischen Teppiche, die den
persischen Stücken jener Zeit
am nächsten kommen. Im Zentrum eines leuchtend roten
Feldes, das von winzigen blau-
en floralen Mustern übersät ist
(in seltenen Fällen sind die beiden Farben umgekehrt), befindet sich ein rundliches Medaillon mit dunklem Fond. Es wird
von gelben Arabesken belebt,
in den vier Winkeln des Mittelfeldes stehen vier weitere
halbe, sekundäre Medaillons
mit stärker eingebuchteten
Umrissen. Auf diese Weise
wird ein unendlicher Flächenrapport suggeriert. Die stärker

kurvilineare Ausführung, die
floralen Zeichnungselemente
und vor allem die zentralisierte
Feldaufteilung sind ungewöhn-
lich für anatolische Teppiche,
die seit dem Anbeginn zur Zeit
der Seldschuken von der Wiederholung eines oder mehrerer Musterelemente lebten.
Deswegen dachte man schon
an den direkten Einfluß persischer Vorbilder, die am Safavi-
denhof geschaffen worden wa-

ren. Neuere Forschungen deuten jedoch darauf hin, daß sich
der Medaillonteppich zur gleichen Zeit unabhängig voneinander in Anatolien und in Persien entwickelt hat, vielleicht
auf der Grundlage gemeinsa-
mer Vorbilder, die im 15. Jahrhundert von Zentralasien aus
westwärts wanderten. Jedenfalls war der Medaillon-Uşak
ein großer Erfolg, der die spätere Produktion stark beein-

Sternuşak. 17. Jh. Auf dem Mittelfeld wechseln sich große achtstrahlige Medaillons mit kleineren kreuzförmigen Medaillons ab. Typisch auch für diesen Teppich ist die geometrische Anordnung.

flußte. Er wurde von der Mitte des 16. Jahrhunderts an (wenn nicht schon früher) bis zum Ende des 18. Jahrhunderts geknüpft, wobei die Qualität allerdings immer mehr abnahm. In derselben Zeit wurden zwei weitere, ähnliche Typen hergestellt, nämlich die Uşaks mit mehreren Medaillons und die Sternuşaks. Bei den zuerst genannten wiederholen sich längs der Mittelachse des Feldes rundliche oder häufiger ovale Hauptmedaillons mit zinnenartigen Umrissen. An den beiden Seiten stehen zwei Reihen sekundärer Medaillons, die entweder halbiert oder in anderer Weise beschnitten sind. Längliche Formate zeigen im allgemeinen auch die Sternuşaks: Auf rotem Feld stehen zahlreiche achtstrahlige Sterne mit dunklem Fond, die mit kleinen kreuzförmigen

ANATOLIEN

Unten: Ausschnitt aus einem Vogel-Uşak. 16. bis 17. Jh. Dieser Teppichtyp ist gekennzeichnet durch die ganzflächige Musterung mit länglichen, vogelähnlichen Blättern, die mit Rosetten abwechseln.

Gegenüber: Tschintamani-Uşak. 17. Jh. Dieser Teppich zeichnet sich durch den hellen Fond und das Tschintamani-Muster in unendlichem Rapport aus.

Musterelementen abwechseln. Auch bei den Sternuşaks werden die Kreuzmedaillons von der Innensaumborte abgeschnitten, so daß der Eindruck eines unendlichen Flächenrapports entsteht. Darin wiederum drückt sich die traditionelle anatolische Formensprache aus.

Zwei besondere Typen

Innerhalb der sehr lebhaften und bunten Produktion von Uşak gibt es auch zwei Teppichtypen mit hellem (weißem oder elfenbeinfarbenem) Fond. Darauf verteilen sich über das ganze Feld regelmäßig kleine Muster. Den Abschluß bildet eine Wolkenbandbordüre. Die beiden Typen, von denen hier die Rede ist, sind der Vogel-Uşak und der Tschintamani-Uşak.

Die Vogel-Uşaks zeigen waagrechte und senkrechte Reihen von Rosetten; zwischen ihnen stehen typische, geometrisch gestaltete, längliche Blätter, in denen man irrtümlicherweise stilisierte Vögel mit angelegten Flügeln und langen Schnäbeln erkennen wollte. Der Vogel-Uşak war vor allem im 17. Jahrhundert weit verbreitet.

Beim Tschintamani-Uşak wiederholt sich in versetzten Reihen das auffällige Tschintamani-Motiv, das wahrscheinlich aus dem buddhistischen Kulturkreis stammt. Es wird von zwei wellenförmigen Bändern und darüber drei pyramidenförmig angeordneten Kugeln gebildet. Antike Tschintamani-Uşaks sind heute sehr selten. Imitationen wurden vor allem

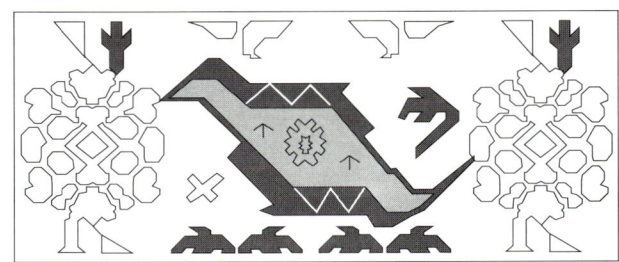

zu Beginn des 20. Jahrhunderts hergestellt.

Die Geburt des Gebetsteppichs

Im 16. Jahrhundert stellte man in Uşak die ersten Gebetsteppiche her. Die Italiener nennen sie auch Bellini-Teppiche nach

ANATOLIEN

Unten: Gebetsteppich aus Uşak. 17. Jh. Der Mihrab der Gebetsteppiche von Uşak ist gekennzeichnet durch eine Einbuchtung am unteren Ende, die eine ähnliche Form zeigt wie der Giebel selbst.

Gegenüber oben: Uşak mit doppelter Nische. 17. Jh. Das sechseckige Medaillon erhält die für den Gebetsteppich typische Ausrichtung durch die Ampel, die vom Giebel herabhängt (Zeichnung).

dem venezianischen Maler Giovanni Bellini (um 1432–1516). Sie weisen meistens einen roten Mihrab mit einem Medaillon auf. Man erkennt diese Teppiche leicht daran, daß sie auf der Unterseite des Mihrabs eine Einbuchtung oder Einstülpung aufweisen, die in ihrer Form an ein Schlüsselloch erinnert und in derem Inneren sich wiederum ein Medaillon befindet.

Von dieser Art Gebetsteppich leiten sich die Uşaks mit doppelter Nische ab, die die Italiener nach ihrem berühmten venezianischen Maler Tintoretto (1518–1594) auch Tintoretto-Teppiche nennen. Die sechseckige Form des großen zentralen Medaillons entsteht dabei durch die Vereinigung zweier spiegelbildlicher Gebetsnischen. Besonders wenn ein Medaillon in der Mitte des Feldes steht, erinnern diese Stücke an Medaillonteppiche, zumal auch die vier Zwickel mit Medaillons ausgefüllt sind. Durch eine Lampe, die von einem Giebel des Mihrab herabhängt, erhalten diese Stücke die für Gebetsteppiche typische Ausrichtung. Die Bordüre zeigt meistens ein Wolkenbandmuster. Diese Uşaks mit doppelter Nische erfuhren vom 17. Jahrhundert an eine weite Verbreitung, besonders in ihrer Form als Siebenbürger Teppiche.

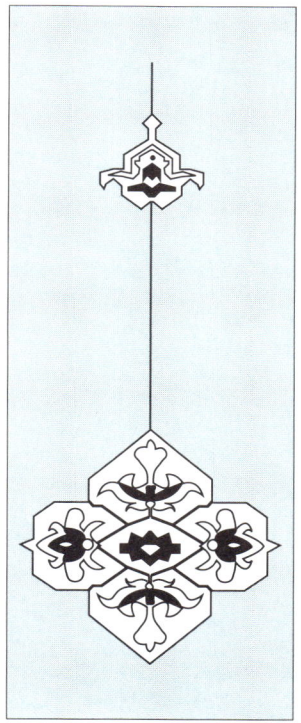

Ganz unten: Uşak mit doppelter Nische. 17. Jh. Die herabhängende Ampel verwandelte sich in ein kleines zentrales Medaillon. Dadurch weist dieser Teppich keine Orientierung mehr auf.

Oben: Ausschnitt aus einem Mameluckenteppich. Kairo, 16. Jh. Die nahe beieinanderstehenden Polygone erzeugen eine kaleidoskopartige Wirkung.

Unten: Mameluckenteppich. Kairo, 16. Jh. Die Farben sind hier auf Rot, Gelb und Hellblau beschränkt. In der Bordüre typische geometrische Motive.

Mameluckenteppiche

Die höfische Produktion hatte als Zentrum nicht nur die Umgebung von Uşak. Nach der Eroberung Ägyptens durch die Osmanen (1517) wurden auch die Manufakturen in Kairo genutzt, die bereits zur Zeit der Mameluckendynastie (1251–1517) in Betrieb gewesen waren. Sie hatten ganz besondere Stücke hervorgebracht.

Der sogenannte Mameluckenteppich, der heute im Handel nur noch sehr selten anzutreffen ist, kann leicht daran erkannt werden, daß sein Feld dicht bedeckt ist von zahlreichen geometrischen Figuren unterschiedlichen Formats (Rauten, Oktogone, Quadrate, Kreise und so weiter). Sie werden so zusammengesetzt, daß sie einen kaleidoskopartigen Eindruck erwecken. Das häufigste Design sieht vor, daß

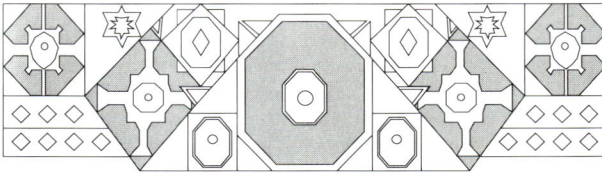

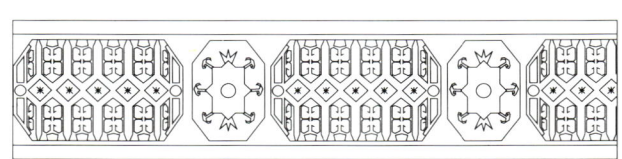

Oben: Mameluckenteppich. Kairo, 15. bis 16. Jh. Hier wird der kaleidoskopartige Effekt besonders deutlich. Die Zeichnung links zeigt, daß zahlreiche kleine Oktogone nahe beieinander stehen.

Unten: Teppich mit Blütenmuster. Kairo, 16. Jh. Typisch für den persischen Einfluß sind die Übernahme des kurvilinearen Stils und die naturalistisch ausgeführten Blütenmotive. Die Grafik rechts zeigt den

Einfluß des persischen Herati-Motivs auf die Bordüre.

sich die genannten Figuren um ein zentrales Medaillon drehen, das seinerseits aus mehreren übereinanderliegenden geometrischen Figuren besteht. Die verwendeten Farben sind lebhaft, aber wenige an der Zahl, und beschränken sich oft auf Rot, Blau und Grün. Die Bordüren zeigen normalerweise das Kartuschenmotiv. Diese Teppiche unterscheiden sich auch technisch durch die Verwendung des asymmetrischen Knotens und wurden vom 15. Jahrhundert bis zur Eroberung durch die Osmanen hergestellt.

Aufgrund dieser Merkmale stellen die Mameluckenteppiche einen Sonderfall dar, der in die normale anatolische Produktion nicht einzureihen ist. Jedenfalls stehen sie am Schnittpunkt zwischen dem geometrischen Stil Anatoliens und der persischen Technik, die den asymmetrischen Knoten bevorzugt.

Nach der Eroberung von Kairo entstand ein neuer Stil, zu dem der raffinierte, hochentwickelte Geschmack der neuen Herrscher sowie dekorative Einflüsse aus Persien beitrugen. Für diese Produktion ist eine Gruppe von Teppichen im floralen Stil typisch. Man bezeichnet sie auch als Kairoer Teppiche. Charakteristisch für sie sind naturalistische Elemente mit kurvilinearem Muster. In der Färbung zurückhaltend und mit asymmetrischen Knoten geknüpft wie ihre Vorgänger, übernahmen sie als Schmuck Blumen- und Blattmotive, die in unendlichem Rapport oder

Ein besonderer Teppich

Aufgrund der allgemeinen Raumaufteilung und der darin verwendeten Motive gehört dieses interessante Exemplar ohne Zweifel zu einer Gruppe von Teppichen, die in Kairo gefertigt wurden. Die geringe Größe des zentralen Medaillons im Vergleich zur Größe des Feldes, die kurvilinearen Muster und die floralen Arabesken sowie die asymmetrische Knüpfung lassen keinen Zweifel daran. Die einzigartige Kreuzform des Teppichs war wohl für einen quadratischen Tisch gedacht, wobei die vier freien Seitenstücke herunterhingen. Das Vorhandensein von vier leider nicht identifizierten Wappen - wir sehen je eines in der Mitte der Hauptbordüre - deuten darauf hin, daß eine adlige europäische Familie diesen Teppich in Auftrag gab. Während der Renaissance kam es keineswegs selten vor, daß reiche Männer aus dem Westen solche Teppiche bestellten. Auch

Adlige aus dem Orient schenkten solche Stücke reichen Europäern. Derart ungewöhnliche Formen waren hingegen selten. Auch die Geschichte dieses Teppichs ist einzigartig und von Legenden durchzogen.

So wird erzählt, Cesare Borgia habe 1502 diesen Teppich als Geschenk von Kardinal Orsini erhalten und ihn seinerseits an Niccolò Machiavelli weitergegeben. Dieser soll ihn bei seinem Umzug von Florenz nach San Gimignano gebracht haben, wo er heute im Museo Civico zu sehen ist. Diese Geschichte wird von einer stilistischen Analyse allerdings nicht gestützt. Der Teppich läßt sich nämlich auf die Mitte des 16. Jahrhunderts datieren, während er der Legende nach bereits 1502 entstanden sein soll. Jedenfalls bezeugt er die große Raffinesse der höfischen Manufakturen von Kairo unter osmanischer Herrschaft.

Gebetsteppich aus Milas, 19. Jh.
Vom 17. Jh. an wird die Anlage
der Gebetsteppiche immer
komplizierter. Bei diesem Stück
aus Milas weist der Mihrab drei
Giebel auf. Die Grafik unten
zeigt einen Ausschnitt.

(häufiger) um Medaillons herum angeordnet sind. Auch Gebetsteppiche sind bekannt. Die Produktion dauerte vom Beginn des 16. Jahrhunderts bis zum Ende des 17. Jahrhunderts an.

Die Produktion außerhalb höfischer Manufakturen

Im 17. Jahrhundert entwickelte sich neben der höfischen Produktion in großen spezialisierten Manufakturen, die für den osmanischen Adel arbeiteten, auch eine »kleinere« Produktion außerhalb des höfischen Bereichs. Mehr oder minder gut ausgerüstete Werkstätten in ganz Anatolien stellten hochgeschätzte Stücke her, die für den Gebrauch im Inland oder für den Export gedacht waren. Typisch für diese kleinen bis mittelgroßen Teppiche ist die Treue zum herkömmlichen geometrischen Stil. Das führte dazu, daß die komplexeren Muster der großen Manufakturen und die naturalistischen, persisch beeinflußten Motive in stilisierte Formen übersetzt wurden. Die wichtigsten Vertreter dieser Gattung sind die Siebenbürger Teppiche oder Transsylvanier sowie die Gebetsteppiche.

Die Siebenbürger verdanken ihren Namen jener ehemals osmanischen Provinz, in der sie in großer Zahl gefunden wurden. Die Herstellung erfolgte jedoch fast sicher in Anatolien, in Bergama oder vielleicht in Uşak. Die meist kleinen Teppiche weisen nur in seltenen Fällen eine Nische, meistens

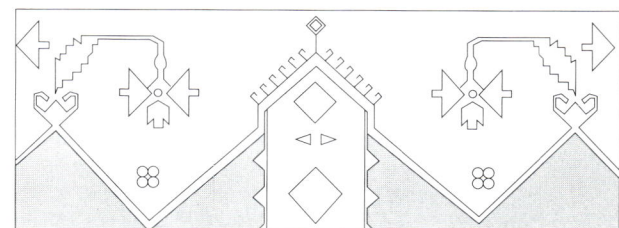

aber zwei spiegelbildliche Nischen auf. Damit ist ihre stilistische Herkunft vom Uşakteppich gesichert. Im Vergleich mit diesem lassen sie aber eine größere geometrische Sensibilität und eine geringere Beachtung kalligraphischer Aspekte erkennen. Dies führt insgesamt zu einem etwas steifen Design, bei dem vor allem das große, zentrale, sechseckige Medaillon auffällt, das geometrische Elemente oder stilisierte Blüten enthält. Als Farben finden vor allem

ANATOLIEN

Gebetsteppich mit sechs Säulen. Kolonnenladik (?), Ende 17. Jh. Die fein gearbeiteten Stücke dieser Art weisen ein architektonisch geprägtes Mihrab mit insgesamt sechs sehr langen und schlanken Säulen auf, wie die Zeichnung rechts davon zeigt.

Rot, Gelb und Elfenbein Verwendung. Die Hauptbordüre zeigt als Schmuck im allgemeinen Kartuschen, die krebsähnliche Motive umschließen, sowie mehr oder minder stilisierte florale Muster. Die Siebenbürger Teppiche wurden zwischen der ersten Hälfte des 17. Jahrhunderts und dem Beginn des 18. Jahrhunderts geknüpft. Der Typus mit doppelter Nische wurde aber noch in den darauffolgenden Jahrhunderten nach alten Vorlagen ausgiebig gefertigt.

Die Gebetsteppiche, die bereits aus Uşak bekannt sind, erfuhren gerade in den nicht höfischen Werkstätten vom 17. Jahrhundert an eine große Produktionsausweitung. Je nach Knüpfgebiet wurden unterschiedliche Lösungen gefunden. Innerhalb kurzer Zeit entwickelten sich diese Teppiche zu den beliebtesten in ganz Anatolien. Sie stellten ein Band zwischen dem religiösen Gefühl und der geometrischen Tradition dar, die für dieses Gebiet typisch ist. Diese Einheit blieb nicht ganz von der neuen floralen Mode verschont, die aus Persien stammte. So kann die Nische ganz unterschiedliche Ausprägungen zeigen und Säulen, Auskragungen und vielerlei Giebelformen (zugespitzt, abgestuft, pfeilförmig, umgekehrt v-förmig und so weiter) aufweisen. Im Feld erkennen wir die traditionelle heilige Lampe, unterschiedlich geformte Wasserbehälter zum Waschen sowie mehr oder minder komplexe, stilisierte Blütenelemente. Zu einer weiteren Gestaltung können Doppelsäulen beitragen; es sind auch Teppiche mit zahlreichen Nischen oder Mihrabs möglich, die sogenannten Saf oder Reihengebetsteppiche. Die Doppelsäulen-Gebetsteppiche weisen eine viel stärker architektonisch geprägte Anlage auf. Sie zeigen ein Portal mit sehr dünnen Doppelsäulen und darüber drei zugespitzte Giebel. Die Herkunft dieses Musters ist noch nicht bekannt, doch breitete es sich von der Mitte des 17. Jahrhunderts in Anatolien aus und erfuhr offenbar einen großen kommerziellen Erfolg, da die ältesten Exemplare davon in Siebenbürgen gefunden wurden.

Ausschnitt aus einem Gebets-
uṣak vom Typus Saf, 17. Jh.
Die Safs erkennt man sehr
leicht daran, daß mehrere
Mihrabs nebeneinander stehen. Diese können sehr reich
dekoriert sein oder sehr einfach ausfallen wie bei diesem
Stück, wo die Nischen vor
allem durch die Farbunterschiede deutlich werden.

Bei den Safs sind mehrere Nischen, unabhängig von ihrer
Form, vorhanden. Solche
Stücke heißen auch Familien-
gebetsteppiche, weil man zu
Beginn – und irrtümlicherweise – dachte, sie dienten dem
Gebet in der Familie. Das türkische Wort »saf« bedeutet
jedoch »Reihe«. Die Safs waren vom 17. bis zum Ende des
18. Jahrhunderts sehr in Mode. Darauf folgte eine Zeit des
Niedergangs.
Die zahlreichen antiken Gebetsteppiche, mag es sich nun um
einfache Exemplare oder Säu-
lengebetsteppiche handeln,
wurden aufgrund ihrer stilistischen Unterschiede (Form der
Nische, des Giebels, Bordüren,
Muster) nach den verschiedenen Knüpfzentren klassifiziert.
Die Mihrabs können reich geschmückt oder ausgesprochen
schlicht gehalten sein, wobei
sie im zweiten Fall in der Regel
von starken Farbkontrasten
leben. An Zierelementen treten
sehr häufig Blumen auf; die
heilige Lampe, die bei vielen
Exemplaren den Giebel ziert,
erscheint besonders bei den
Safs aus Gördes oft in Form
eines Blumenstraußes.
Die ältesten Exemplare stammen aus den Gebieten um Gördes, Kula und Ladik.

ANATOLIEN

Unten: Gebetsteppich aus Gördes. Ende 19. Jh. Die Umwandlung des Mihrabs, die realistisch dargestellten Blüten und die Pastellfarben kennzeichnen dieses Stück aus der Medschidzeit.

Gegenüber: Gördes mit doppelter spiegelbildlicher Nische. Ende 18. Jh. Die naturalistischen Blüten zeugen vom französischen Einfluß. Die Rankenbordüre ist typisch für die Gördes aus dem 18. und 19. Jh.

Der Medschid-Stil

Im 18. Jahrhundert entstanden keine neuen Stile. Gegen Ende des Jahrhunderts bildete sich jedoch der von der französischen Kunst sehr stark geprägte türkische Barock. So wurden einige Motive aus Frankreich eingeführt, und man begann auch, traditionelle Motive auf französische Art zu interpretieren. Im 19. Jahrhundert erfuhren das osmanische Reich und auch die Manufakturen von Uşak einen Niedergang, und die französische Manier feierte im Medschid-Stil einen endgültigen Durchbruch. Der Name geht auf den Sultan Abdul Mecid I. (1839–1861) zurück. Er liebte die französische Kunst in ihren auffälligsten Aspekten und setzte sie als Modell für alle künstlerischen Formen in der Türkei durch. Um die Mitte des Jahrhunderts entstand somit ein hybrider Stil, der naturalistische florale Elemente und Pastelltöne verwendete – nach dem Vorbild der Teppiche der Savonnerie und von Aubusson. Die Teppiche im Medschid-Stil wurden in den städtischen Werkstätten zum Beispiel von Gördes, Kırşehir und Milas geknüpft. Ihre Raumaufteilung ist so stilisiert und verändert, daß man sie kaum mehr wiedererkennen kann (besonders häufig bei den Gebetsteppichen). Sie zeigen einen nach westlichem Geschmack naturalistisch ausgeführten Blätter- und Blütenschmuck. Die kleinen Werkstätten hingegen ließen sich von all diesen Neuerungen nicht beeinflussen und blieben dem traditionellen geometrischen Stil treu. Das gilt auch für die Nomadenproduktion, deren älteste Exemplare gerade auf dieses 19. Jahrhundert zurückgehen. In den Hofmanufakturen von Hereke, die in der Mitte des 19. Jahrhunderts entstanden, wurden sogar Kopien von Aubusson-, Savonnerie- und Perserteppichen hergestellt. Vom Beginn des 20. Jahrhunderts bis zum Untergang des osmanischen Reiches (1922) ist für die anatolische Produktion eine zunehmende allgemeine Anpassung an die Nachfrage und den westlichen Geschmack zu konstatieren. Dies führte dazu, daß immer mehr persische Vor-

Bergama mit doppelter, spiegelbildlicher Nische. Ende 19. Jh. Typisch ist die Vorliebe für gedeckte Farben und die Übernahme kaukasischer Motive, zum Beispiel der Sägezahn (Zeichnung unten).

lagen aus der klassischen Zeit nachgeknüpft wurden. Diese Erscheinung ist in der Nomadenproduktion nicht zu beobachten, denn sie hielt zäh an den geometrischen Formen und traditionellen Mustern fest, weil sie für den Teppichmarkt und den Export in den Westen noch völlig uninteressant war.

Die wichtigsten Knüpfgebiete

Auf der Grundlage stilistischer Analogien kann man die anatolische Produktion in drei geographische Gebiete gliedern: Westanatolien, Zentralanatolien und Ostanatolien. Für jedes dieser Gebiete wollen wir die traditionellen Teppichtypen und die wichtigsten Knüpfzentren behandeln.

Westanatolien

Gebiet um Bergama. Die Umgebung der antiken Stadt Pergamon zeichnet sich in der Teppichproduktion durch ihre Treue zu traditionellen Mustern und Raumaufteilungen aus der klassischen Zeit aus: Holbein-Teppiche mit großer oder kleiner Musterung, Teppiche mit doppelter Nische, Gebetsteppiche mit der typischen schlüssellochähnlichen Einstülpung an der Basis des Mihrabs. Als Schmuck weisen die Bordüren Sterne, Rosetten und auch aus dem Kaukasus importierte Motive auf, zum Beispiel die Sägezahnborte mit den gezahnten Blättern und der kelchförmigen Zeichnung dazwischen.

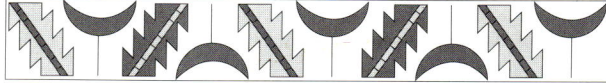

Die Brautteppiche

In vielen Gegenden der Türkei und des ganzen Orients knüpfen oder weben die jungen Mädchen einen besonders feinen Brautteppich, der zu ihrer Aussteuer gehört. Im Teppichhandel wird dem Namen dieser Teppiche das türkische Wort Kiz vorangestellt, zum Beispiel Kiz-Gördes. »Kiz« bedeutet »Mädchen« oder »Jungfrau«. Bei den Brautteppichen handelt es sich also trotz ihrer Schönheit und Kompliziertheit nicht um das Produkt einer höfischen oder städtischen Werkstatt, sondern sie sind im dörflichen Rahmen entstanden. Weil sie nur dem Gebrauch in der Familie dienen sollten, wurden sie auch nicht mit kommerziellen Hintergedanken geknüpft. Brautteppiche sind

vom Anfang des 19. Jahrhunderts an bekannt. Sie weisen eine Doppelnische auf, was ein Erbe der antiken Siebenbürger Teppiche darstellt. Die Brautteppiche warten im Vergleich zu den verschiedenen traditionellen Produktionsgebieten mit einer großen Mustervielfalt auf. Die Kiz-Gördes, wie beispielsweise das hier abgebildete

Stück, das auf den Beginn des 19. Jahrhunderts datiert werden kann, zeigen einen hellen, im allgemeinen weißen Fond mit einem zentralen Sechseck, das der »doppelten Nische« entspricht. Die winzigen schwarzen Motive darauf bezeichnet der Türke als »Sinekli«, »Fliegen«. Dieselben Schmuckelemente finden wir auch auf den hellen, zickzackartigen Bändern. Für den charakteristischen hellen Fond wurde oft ungefärbte Baumwolle verwendet, weil sie eine in der Regel stärkere Leuchtkraft entfaltet als Schafswolle. Weitere kennzeichnende Elemente sind die Nelken und die stilisierten Botehs in den vier Zwickeln zu beiden Seiten des zentralen Medaillons.

Gebetsteppiche aus Gördes. 19. Jh. Man erkennt sie leicht an der gedrungenen, fast quadratischen Form der Nische und an den zahlreichen Bordüren. Diese weisen stilisierte florale Elemente oder die

typischen Tschubukli-Motive auf (Exemplar links).

Gördes. Die Teppiche dieser Stadt wurden als erste im Westen wegen ihrer Raffinesse geschätzt. Die Gebetsteppiche sind an den zahlreichen Bordüren und der daraus resultierenden kleinen Nische zu erkennen. Diese erscheint stark geometrisch und zeigt einen umgekehrt v-förmigen Giebel, der auf waagrechten Schultern ruht, während eine Reihe kleiner Blumen (im allgemeinen Nelken) längs dem Außenrand der Nische liegt. Die heilige Lampe erscheint oft in Form eines Blumenstraußes. Zwei rechteckige Paneele oberhalb und unterhalb der Nische tragen als Schmuck das Wolkenbandmotiv, später auch stilisierte florale Elemente. Bis

zum Beginn des 19. Jahrhunderts ist die Tschubukli-Bordüre häufig, während sie später von stilisierten floralen Motiven abgelöst wird. Im 19. Jahrhundert, während des Medschid-Stils, erhielten diese eine stärker realistische Ausprägung. Die Gebetsteppiche von Gördes gehörten im 19. Jahrhundert zu den am meisten nachgeknüpften, wobei unter den Imitatoren besonders die Stadt Bandirma zu nennen ist.

Gebiet von Milas (auch Melas). Die Teppiche dieses Gebietes zeichnen sich durch die überwiegende Verwendung warmer Farbtöne aus, die von Goldgelb bis Ziegelrot reichen. Die Gebetsteppiche von Milas

erkennt man an der Pfeilspitzenform des Giebels, die durch eine Einschnürung zustande kommt. Die Nische ist im allgemeinen in Rostrot gehalten. Darüber befindet sich ein helles Feld mit stilisierten Blumenmotiven. Die Hauptbordüre enthält Rosetten oder große Blüten mit überwiegend geometrischen Formen.

Hereke. Diese Produktion ist nicht sehr alt, denn sie reicht vom 19. Jahrhundert bis zum Anfang des 20. Jahrhunderts. Sie unterscheidet sich durch die Raffinesse ihrer Produkte, die mit dem asymmetrischen Knoten geknüpft wurden, wobei auch Seiden- und Goldfäden Verwendung fanden. Der Stil von Hereke richtete sich

Gebetsteppich aus Milas. Ende 19., Anfang 20. Jh. Die Gebetsteppiche aus Milas sind an der Pfeilspitzenform des Nischengiebels und an den warmen Farbtönen zu erkennen. In der Bordüre wie auch im Mittelfeld stehen normalerweise Rosetten oder große geometrische Blüten.

Zwei Nischenformen im Vergleich

Das Hauptelement der Gebetsteppiche ist die Nische (Mihrab). Je nach Knüpfgebiet zeigt sie unterschiedliche Formen und Proportionen. In Milas ist die Nische schmaler, ihr Giebel pfeilspitzenartig (oben), während die Nische in Gördes viel breiter, fast quadratisch ausfällt (unten).

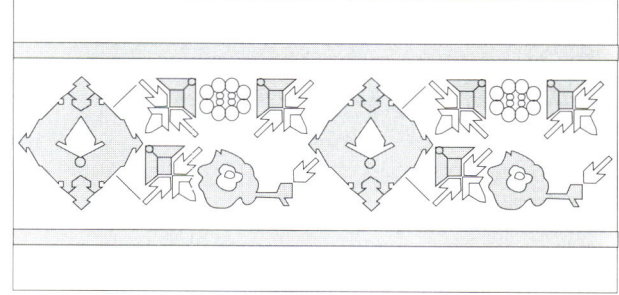

ANATOLIEN

Medaillonteppich aus Hereke. 19. Jh. Die Hereke unterscheiden sich leicht von den übrigen anatolischen Teppichen, weil sie mit dem asymmetrischen Knoten geknüpft sind und raffinierte Schmuckelemente aufweisen, die der französischen oder, noch häufiger, der persischen Tradition entlehnt sind. Das abgebildete Stück zeigt Wolkenbänder, Palmetten und andere florale Elemente im reinsten kurvilinearen Stil.

am ausländischen floralen Stil aus, sei es aus Persien oder aus Frankreich. Viele Stücke sind Kopien von schönen Teppichen aus Kirman, Täbris, der Savonnerie und von Aubusson. **Bandirma.** Auch dieser Ort kann sich nicht einer antiken Tradition rühmen, denn die Produktion nahm erst im 19. Jahrhundert ihren Anfang. Die Gebetsteppiche verdienen es, erwähnt zu werden, weil sie nach antiken Vorlagen geschaffen wurden. In der Form

Gebetsteppich aus Bandirma. Ende 19., Anfang 20. Jh. Als Imitationen der Gebetsteppiche von Gördes erkennt man die Bandirma an den bandförmigen Kolonnen und der realistisch gestalteten heiligen Lampe.

Medaillon ist im allgemeinen rot und ruht auf einem blauen oder dunkelbraunen Fond.

Umgebung von Uşak. Die Muster und Motive der antiken Stücke wurden zu Klassikern. Die spätere Produktion stellt nur eine langweilige, sterile Wiederholung jener alter Vorlagen dar.

Kula. Die Gebetsteppiche von Kula unterscheiden sich durch die längliche Form ihrer geometrischen Nische. Diese ruht auf einem Feld, das von kleinen stilisierten Blüten übersät ist. Im Inneren der Nische befinden sich weitere Blüten, die zu einem »Lebensbaum« angeordnet sind. Oft treten links und rechts zwei bandförmige Kolonnen mit Blütenschmuck auf. Als Schmuck zeigen die Bordüren Nelken oder andere stilisierte florale Muster. Charakteristisch ist vor allem aber eine weiter außen liegende Borte, denn sie weist das sogenannte Alligatorenmotiv auf. Es besteht aus einer feinen bunten Arabeske, bei der hochstilisierte Palmetten in drei oder vier verschiedenen Farben miteinander verknüpft sind. Von der Mitte des 19. Jahrhunderts an treten auch feine Tschubukli-Bordüren auf. Abgesehen von einigen Exemplaren aus dem 18. Jahrhundert stammt der Hauptteil der Produktion aus dem Jahrhundert danach. Es gibt auch Kula mit doppelter Nische und einem langen, schmalen, zentralen Medaillon auf meistens rotem oder blauem Fond.

Meğri. Der ehemalige Ort Meğri heißt heute Fethiye.

der Nische sind die Gebetsteppiche zum Beispiel denen von Gördes ähnlich. Sie weisen einen umgekehrt v-förmigen oder spitzbogigen Giebel auf. Im Inneren der Nische stehen oft zwei bandförmige seitliche Säulen. Die heilige Lampe hängt von der Giebelspitze herunter. Die Hauptbordüre zeigt im allgemeinen stilisierte florale Elemente. Die Farben sind ziemlich blaß und zeigen keine großen Kontraste. Die Töne wurden oft durch künstliche Entfärbung herbeigeführt, die

dem Teppich ein antikes Aussehen verleihen sollten.

Demirci. Diese Teppiche erkennen wir am Motiv der Hauptbordüre: Auf gelbem oder blauem Grund zeichnet sich eine rote zickzackartige Ranke ab. Ihr entspringen Gruppen von je drei stilisierten Blüten, die mit Nelken abwechseln. Bei antiken Stücken sind Doppelnischen am häufigsten, während bei der späteren Produktion sechseckige oder übereinanderliegende Medaillons überwiegen. Das zentrale

ANATOLIEN

Oben: Gebetsteppich aus Kula. 18. Jh. Man erkennt diese Teppiche an der länglichen Form des Mihrabs, der von bandförmigen Kolonnen weiter unterteilt wird. Im Inneren des Feldes befindet sich ein stilisierter Lebensbaum. Typisch ist auch die sogenannte Alligatorborte.

Unten: Kula mit doppelter Nische. 18. Jh. Auch bei dieser Anlage ist der Mihrab lang und schmal.

Die Gebetsteppiche aus dem 19. Jahrhundert weisen schmale, lange Nischen auf, die oft doppelt ausgeführt sind. In deren Innerem erkennen wir verschiedene Schmuckelemente, angefangen von Blüten und Bäumen in geometrischer Form bis zu kleinen achteckigen Medaillons mit Rosetten. Die äußere Bordüre steht auf weißem Fond und zeigt oft ein lokal verbreitetes Motiv, nämlich eine Art Mäander mit dreieckigen Elementen.

Zentralanatolien

Ladik. Die charakteristischen Schmuckmotive dieser Produktion sind stilisierte Tulpen, die im Feld wie in den Bordüren auftreten. Auf Gebetsteppichen stehen die langgestielten Tulpen in Paneelen ober- und unterhalb der Nischen. Bei den Gebetsteppichen aus Ladik unterscheiden

Gebetsteppich von Ladik. Ende 19. Jh. Das kennzeichnende Element dieser Teppiche sind stilisierte Tulpen, die im Paneel unter der Nische (Zeichnung links) auftreten. Typisch für dieses Paneel ist auch das Kreuzarmmotiv. Die Bordüre zeigt stilisierte florale Elemente (Zeichnung unten).

wir je nach der Form des Mihrabs zwei Varianten: Bei der ersten, einfacheren Variante erscheint der Giebel treppenartig abgestuft; der Fond ist einheitlich oder enthält ein stilisiertes florales Element. Die zweite Variante stammt von antiken Kolonnengebetsteppichen ab; die Nische weist drei geometrische Giebel auf, wobei der mittlere höher nach oben reicht. Die Farben sind leuchtend, kontrastierend, und Verwendung finden vor allem Rot, Gelb und Blau.

Umgebung von Konya. Dieses alte Teppichknüpfgebiet konnte die eigene Tradition bis ins 19. Jahrhundert und noch darüber hinaus erhalten. Sie läßt sich auf den rein geometrischen Stil seldschukischen Ursprungs zurückführen. Die Teppiche von Konya zeichnen sich durch große, einfach gestaltete Vielecke aus; ihre Umrisse sind oft abgestuft oder hakenbesetzt. Die Polygone sind

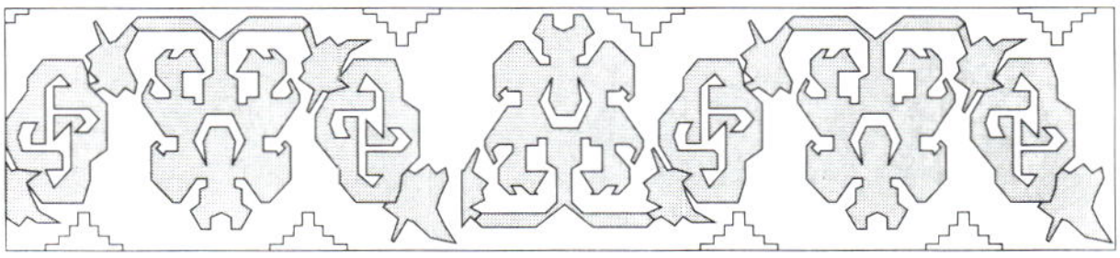

ANATOLIEN

Die Blumen der Osmanen

Nelken und Tulpen sind die Blumen, die im Feld und in den Bordüren anatolischer Teppiche die Hauptrolle spielen. Sie treten viel häufiger auf als Granatäpfel, Rosen oder Phantasieblumen. Die Nelken werden fast immer in roter Farbe und mit geöffneten oder geschlossenen Blüten, in Aufsicht oder Seitenansicht dargestellt. Man erkennt sie an der unregelmäßigen Form der Krone, die oft Einschnitte oder Einkerbungen zeigt. Nelken begegnen wir vor allem auf den Knüpferzeugnissen von Gördes, Kirşehir und Demirci. Im allgemeinen werden sie zu kleinen Gruppen oder zu Reihen angeordnet, doch können sie auch einzeln auftreten. Längs der inneren Begrenzung der Nische auf Gebetsteppichen von Gördes sieht man oft ein Band aus kleinen gleichgestalteten Nelken. Tulpendarstellungen sind vor allem für Ladik typisch; die bunten Kelche werden mehr oder minder stilisiert dargestellt und stehen auf langen Stielen. Ihr bevorzugter Platz ist das Paneel unterhalb des Mihrabs. Tulpen treten auch gruppenweise auf oder entspringen Rankenmustern in den Bordüren verschiedener Knüpfgebiete. Unter den Blumen, die ganz allgemein in der Ornamentik Verwendung finden, waren die Tulpen und die Nelken am beliebtesten. Sie kommen deswegen nicht nur auf Teppichen vor, sondern auch auf anatolischen Leinen- und Seidenstoffen des 17. bis 19. Jahrhunderts sowie auf den typischen bunten Friesen. Wir können Tulpen und Nelken als die kennzeichnenden Blumen für die osmanische Kunst bezeichnen.

84

Konya mit drei übereinander-liegenden Medaillons. 19. Jh. Die Teppiche von Konya blieben der ältesten, geometrisch geprägten Tradition treu. Man erkennt sie an ihren polygonalen, oft hakenbesetzten

Schmuckelementen, in deren Innerem oft ein achtstrahliger Stern steht (siehe schematische Darstellungen).

 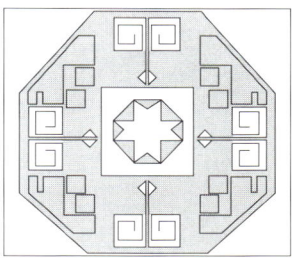

paarweise vorhanden oder stehen in Reihen übereinander. Typisch für Teppiche aus Konya sind die Kartuschen in der Hauptbordüre, die an die Siebenbürger Teppiche erinnern.

Kırşehir. Bei den Gebetsteppichen dieses Gebietes ist die Form des Mihrabs mit abgestuftem, weiß abgesetztem Giebel und einem Pfeilspitzenmotiv darüber dem der Gebetsteppiche von Mucur sehr ähnlich. Das gilt auch für das rechteckige Paneel, das mit weiteren Pfeilspitzenmotiven geschmückt ist. Dennoch gibt es zahlreiche weitere Elemente, die den Gebetsteppich von Kırşehir auszeichnen, zum Beispiel die stilisierten Nelken im Feld, die zu dritt auch in der typischen gelbgrundigen Bordüre aufscheinen. Oft ist auch eine Tschubukli-Bordüre in verschiedenen, teilweise kontrastierenden Farben zu erkennen. Dennoch wirken diese Teppiche nicht ausgesprochen bunt. Stücke aus der Medschidzeit zeichnen sich in der Regel durch stärkere Verwendung floraler Elemente aus.

Mucur. Typisch für diese Provenienz sind die Gebetsteppiche vom Beginn des 19. Jahrhunderts. Die treppenförmigen Nischen sind weiß abgesetzt und tragen oben ein charakteristisches Pfeilspitzenmotiv. Dasselbe Motiv wiederholt sich in einem schmalen Paneel oberhalb der Nische. Besonders auffallend sind die sehr bunten Bordüren. Die Hauptbordüre weist oft große Rosetten in Rechtecken oder Quadraten auf.

Links: Gebetsteppich aus Kirşehir. 19. Jh. Diese Teppiche unterscheiden sich durch die Tschubukli-Bordüre und die gelbgrundige Hauptbordüre mit stilisierten Nelkensträußen (Zeichnung).

Rechts: Gebetsteppich aus Mucur. Ende 18. Jh. Typisch ist der abgestufte Giebel des Mihrabs mit dem Pfeilspitzenmuster. Bemerkenswert auch die Hauptbordüre mit den Rosetten (Zeichnung).

Ostanatolien

In stilistischer Hinsicht handelt es sich um ein sehr kompliziertes Gebiet, denn vom Norden her dringen Einflüsse aus dem Kaukasus und vom Süden her Einflüsse aus Persien vor. Dazu kommt, daß das Gebiet vor allem von nomadischen oder halbnomadischen Völkern unterschiedlichsten Ursprungs besiedelt wird. Deswegen können wir in diesem Gebiet nicht mit Sicherheit Knüpfzentren oder bestimmte Stämme als Erzeuger abgrenzen. Gemeinsam ist den ostanatolischen Teppichen eine ausgesprochen elementare geometrische Musterung, wobei im allgemeinen zwei bis fünf vieleckige Medaillons übereinander kombiniert werden. Die Farben sind eher gedeckt und bilden auch keine großen Kontraste; häufig tritt ein charakteristisches Aubergine auf. Gebetsteppiche sind selten, die Formate ohnehin klein und oft länglich. Normalerweise schreibt man grobgemusterte Stücke der nomadischen Bevölkerung der Yürüken zu.

Kars. Diese Stadt stellt die einzige Ausnahme vom bisher Gesagten dar. Es handelt sich um ein altes Produktionszentrum, das sich im 16. und 17. Jahrhundert mit dem Kaukasus die Produktion der Drachenteppiche teilte. Im 19. Jahrhundert entstanden hier nach kaukasischem Vorbild kasakähnliche Stücke. Von den echten Kasaks unterscheiden sie sich jedoch durch den hellen Fond und die Verwendung eher düsterer Farben.

Oben: Teppich der Yürüken mit doppelter Nische. Ende 19. bis Anfang 20. Jh. Die einfache Musterung mit konzentrischen polygonalen Medaillons, kaukasische Motive wie die Sägezahnbordüre sowie die geringe Farbenvielfalt kennzeichnen die Teppiche dieser nomadischen Produktion.

Unten: Kars mit Medaillons. Anfang 20. Jh. Diese Stücke ähneln den kaukasischen Kasaks, unterscheiden sich aber durch den hellen Fond und die typischen gedeckten Farben.

ANATOLIEN

Antike Produktion

Spätere Produktion

Holbein-Teppich mit kleiner Musterung. 16. Jh. Typisch: Kufi-Bordüre, herzförmige Medaillons.

Lotto-Teppich. 16. bis 17. Jh. Typisch: Geometrische Arabesken, Kartuschen in der Bordüre.

GÖRDES

Gebetsteppich. 19. Jh. Typisch: Tschubukli-Bordüre, breite, fast quadratische Nische.

Gebetsteppich im Medschid-Stil. Ende 19. Jh. Typisch: Blumenbordüre, Blumenvase im Inneren.

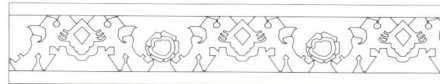

Gebetsteppich. 17. Jh. Typisch: Schlüssel-lochähnliche Einstülpung am unteren Rand der Nische.

Vogel-Uşak. 16. bis 17. Jh. Typisch: Wie-derholung des Motivs im Feld wie in der Bordüre.

 **BERGAMA**    **MILAS**

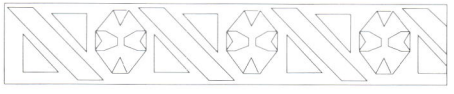

Teppich mit doppelter Nische. 19. Jh. Typisch: Bor-düre, geome-trische Motive altanatolischer Tradition.

Gebetsteppich. Ende 19. Jh. Typisch: Bor-düre mit Blu-men, pfeilspit-zenartiger Gie-bel der Nische.

ANATOLIEN

HEREKE

Medaillontep-
pich. 19. Jh.
Typisch:
Musterung in
kurvilinearem
Stil.

KULA

Gebetstep-
pich. 18. Jh.
Typisch: Alli-
gatorborte
und dreigeteil-
te Nische mit
bandförmigen
Kolonnen.

YÜRÜK

Teppich mit
doppelter
Nische. Anfang
20. Jh. Typisch:
Sägeblatt-
bordüre und
geometrisches
Medaillon.

KARS

Medaillontep-
pich. Anfang
20. Jh. Typisch:
Bordüre und
geometrische
Medaillons.

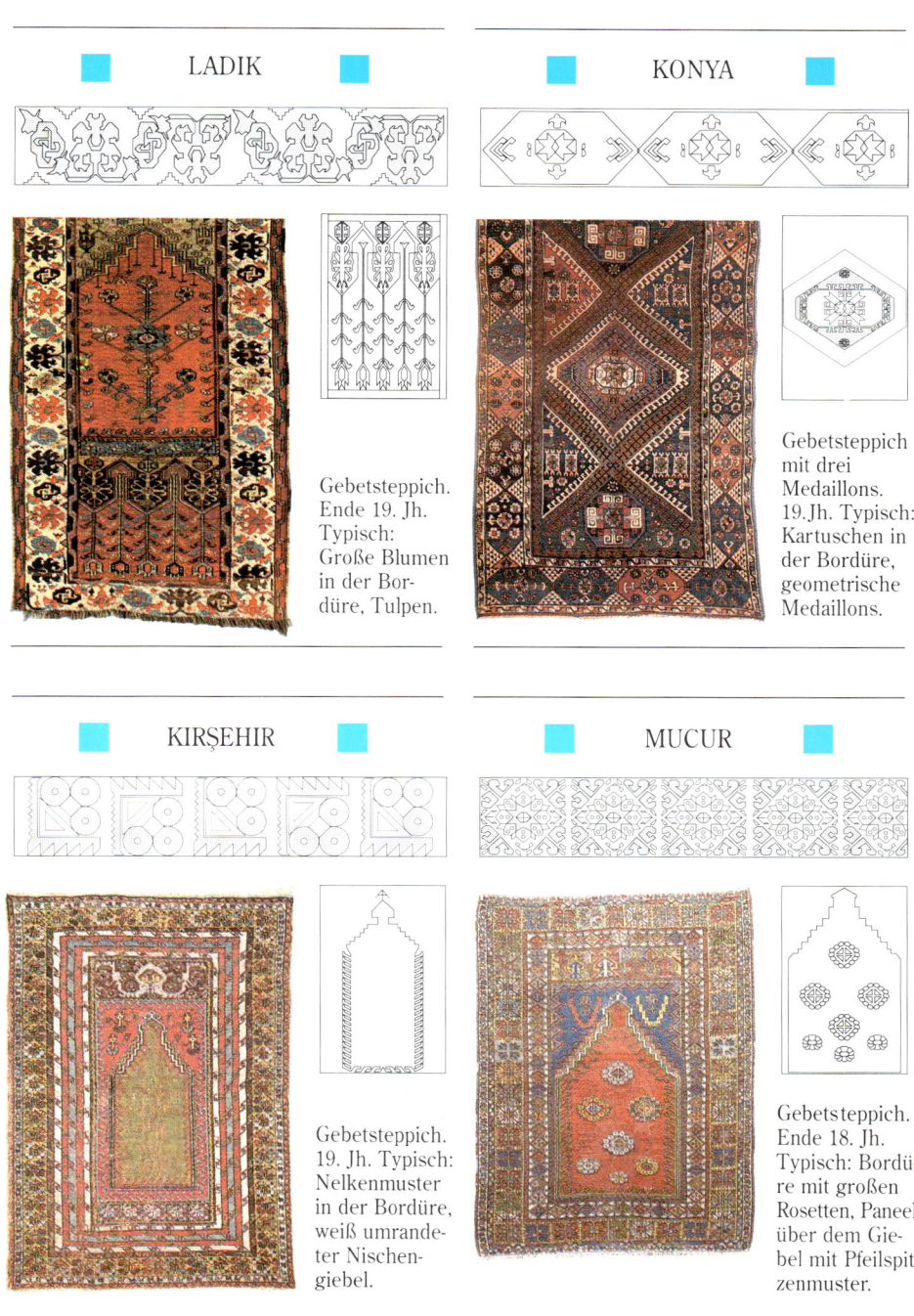

LADIK

Gebetsteppich.
Ende 19. Jh.
Typisch:
Große Blumen
in der Bor-
düre, Tulpen.

KONYA

Gebetsteppich
mit drei
Medaillons.
19. Jh. Typisch:
Kartuschen in
der Bordüre,
geometrische
Medaillons.

KIRŞEHIR

Gebetsteppich.
19. Jh. Typisch:
Nelkenmuster
in der Bordüre,
weiß umrande-
ter Nischen-
giebel.

MUCUR

Gebetsteppich.
Ende 18. Jh.
Typisch: Bordü-
re mit großen
Rosetten, Paneel
über dem Gie-
bel mit Pfeilspit-
zenmuster.

PERSIEN

◆ Der Perserteppich gilt heute noch in vielen Kreisen als der Orientteppich schlechthin. Tatsächlich teilt er sich mit seinem Kollegen und Rivalen aus Anatolien die Rolle des Protagonisten in der stilgeschichtlichen Entwicklung der morgenländischen Knüpfteppiche. Die persischen Knüpfteppiche sind eher der Ausdruck einer echten Kunst und der gesellschaftlichen Tradition als des religiösen Glaubens. Die persische Produktion unterscheidet sich durch ihren äußerst komplexen, kalligraphischen Charakter, in dem Muster und Linien die Hauptrolle spielen. Der geometrische Stil ist zwar durch abstrakte oder stilisierte Figuren im Feld vertreten, doch wird der Perserteppich vor allem vom kurvilinearen, floralen Stil beherrscht. Dieser eignet sich auch besser, um den typischen lyrisch und naturalistisch ausgerichteten Geist dieses Gebietes zu interpretieren.

Asymmetrischer Knoten oder Sennehknoten, der in Persien am meisten verwendet wird.

Rechts: Bordüren, v. o. n. u.: Wolkenband, Herati, Kartuschen, Palmetten, Blüten.

In Persien entstanden zahlreiche höchst komplizierte Musterungen, die von dünnen, sehr verwickelten Arabesken dominiert werden. Vor diesem Hintergrund verteilen sich unterschiedlich geformte Medaillons, Palmetten und andere abstrakte ornamentale Elemente, nicht selten auch realistisch dargestellte Blumen und Tiere, denn die schiitische Richtung des Islams, die in Persien vorherrscht, gestattet im Gegensatz zur sunnitischen Doktrin Anatoliens eine größere Freiheit des Ausdrucks. Sie toleriert zum Beispiel die Darstellung menschlicher Figuren. Vom 19. Jahrhundert an treten portraitartige Darstellungen immer mehr hervor und gewinnen im Vergleich zur übrigen Musterung an Gewicht. In jedem Teppich werden zahlreiche Farben eingesetzt, doch erscheinen sie nie sehr kräftig und bilden auch keine auffallenden Kontraste. Normalerweise bedeckt eine einzelne Farbe keine sehr großen Flächen; vielmehr entsteht durch Phantasie ein bewegtes, ausgewogenes Farbenspiel, bei dem kleine Farbgebiete nebeneinander stehen; häufig sind sie dabei schwarz gerandet. Im allgemeinen überwiegen die Farben Rot und Blau, und es stehen meistens helle Zeichnungen auf dunklem Grund. Die Farbgebung ist bei Nomadenteppichen viel weniger ausgefeilt; dort dominiert auch deutlich eine geometrische, abstrakte oder stilisierte Musterung.

In den Perserteppichen wird überwiegend der asymmetrische Knoten verwendet, der auch persischer Knoten oder Sennehknoten heißt. In vielen Gebieten, vor allem im Westen und Nordwesten, wird auch der symmetrische Knoten gebraucht. Knüpfmaterialien sind Wolle, Baumwolle und Seide, bei einigen antiken Teppichen auch Gold- und Silberfäden. Die Ausmaße der Teppiche schwanken sehr stark, wobei die größten Stücke unter antiken, höfischen Stücken zu suchen sind, während die Nomadenteppiche eher klein ausfallen. Die Musterung mit einem Medaillon ist bei weitem am häufigsten, wobei die Zeichnung je nach Produktionsbereich und Herstellungsgebiet abstrakten oder naturalistischen Charakter aufweisen kann.

PERSIEN

Oben: Teppich mit Palmetten. Ostpersien (Herat?), Ende 16. bis Anfang 17. Jh. Zu Beginn des 16. Jh. stellten stark verzweigte Blütenstiele und Ranken die Grundlage für das Teppichmuster.

Unten: Medaillonteppich aus Kirman. 19. Jh. Die Arabesken und Ranken, die Blütenmotive, die realistisch dargestellten Tiere und die harmonischen Farben sind typisch für den persischen Stil.

Der Stil der Safaviden

Da wir weder über Teppiche noch über Fragmente aus der Zeit vor dem 16. Jahrhundert verfügen, wissen wir nur aus literarischen Quellen und vor allem von Miniaturen des 14. und 15. Jahrhunderts, daß es in Persien schon damals Manufakturen gegeben haben muß. Sie schufen geometrisch gemusterte Teppiche, die denen der anatolischen Produktion zur Zeit der Seldschuken sehr ähnlich waren. Die ersten Anzeichen einer neuen Formensprache wurden gegen Ende des 15. Jahrhunderts deutlich. Als die dauerhafte Herrschaft der Safaviden (1502–1722) anbrach, die die Nation einigte, gewann auch der Perserteppich seine Eigenständigkeit. Die Knüpfer griffen dabei Mustervorstellungen auf, die sie von anderen Kunstgattungen übernahmen, zum Beispiel

aus der Buchkunst und aus der Keramik. Eine bedeutende Rolle spielten auch Muster, die von China her eingedrungen waren, etwa das Wolkenband, die Päonie, die Lotosblüte und weitere naturalistisch dargestellte Elemente. Insgesamt wurde der Teppich zu einer der wichtigsten künstlerischen Ausdrucksformen der safavidischen Gesellschaft. Den Höhepunkt seiner Entwicklung erreichte er unter der Herrschaft von Schah Abbas I. dem Großen (1587–1629). Die Knüpfkunst bezog ihre Inspiration aus den feinen Arabesken und Blütenmotiven, mit denen die Umrisse der Miniaturen und die geprägten Ledereinbände der Bücher geschmückt waren. Sie mußte nämlich die eigenen strengen, traditionell geometrischen Muster revolutionieren, um sich der neuen kurvilinearen Ausdrucksweise anzupassen. Als Grundmuster diente nun ein sehr feines Geflecht von Ranken und Blütenstielen, die sich symmetrisch mit unendlichem Rapport untereinander schnitten und die ganze Oberfläche des Feldes bedeckten. Dieses füllte sich nach und nach mit Blüten aller Art, mit Palmetten, Tieren und kleinen menschlichen Figuren. Die neue, kalligraphisch geprägte Sensibilität führte zu Musterungen, deren Hauptelement feine Linien und nicht mehr unterschiedlich gefärbte Flächen waren. Die Bordüren gewannen eine besondere Bedeutung, die sich durch eine große Mustervielfalt ausdrückte. Die Bordüre hat immer die

Die Arabeske

Die Arabesken, die bei den persischen Teppichen so große Bedeutung haben, lassen sich als stilisierte Rankenornamente definieren. Im typischen Fall bestehen sie aus vier rhythmisch gerollten Ranken, die einander gegenübergestellt sind und am Ende gegabelte Blätter tragen (siehe Zeichnung unten rechts). Doch gibt es noch zahlreiche weitere Formen, zum Beispiel die einfache Spiralranke (Zeichnung unten links), wie denn auch keine scharfe begriffliche Trennung zwischen »Arabeske« und »Ranke« besteht. Spiralranken können auch mit Rosetten, Blüten, Blättern, Palmetten und weiteren pflanzlichen Elementen besetzt sein. Überladene Formen treten erst spät während des Niedergangs der Knüpfkunst auf, während Ranken und Arabesken bei klassischen antiken Stücken trotz des Reichtums der Musterung immer sehr klar gegliedert und oft sehr kalligraphisch

wirken. Arabesken treten vor allem im Mittelfeld, besonders um das zentrale Medaillon herum auf und sind auch in der Hauptbordüre vertreten, wenn auch in geringerer Größe. Auf Persisch heißt die Ranke auch »eslimi«, doch ist die genaue Bedeutung dieses Wortes nicht bekannt. Einige beziehen es auf den Islam, da die Arabeske ein typisches Motiv der islamischen Kunst darstellt, doch entstand diese Hypothese im Westen und wird von der Sprachforschung auch nicht gestützt. Die Arabeske trat jedenfalls im 16. Jahrhundert oder sogar früher auf persischen Teppichen auf. Ihre Formen waren anfänglich etwas steif. Im 17. Jahrhundert wurde die Zeichnung komplexer und stärker kurvilinear. Das 19. Jahrhundert nahm das Arabeskenmotiv wieder auf, besonders in den Produktionen von Kirman und Meschhed. Auch heute wird dieses Muster noch häufig verwendet.

PERSIEN

Oben: Ausschnitt aus einem Medaillonteppich. Nordwestpersien (Täbris?), 16. Jh. Die persische Vorliebe für die Kalligraphie fand vom 16. Jh. an auch im kurvilinearen Teppichstil ihren Ausdruck.

Unten: Ausschnitt aus einem Kartuschenteppich. Nordwestpersien (Täbris?), Anfang 16. Jh. Der Stil zur Safavidenzeit zeichnet sich durch die Komplexität und Raffinesse der Musterung aus.

Aufgabe, die Wirkung des höchst komplizierten Arabeskenmusters des Mittelfeldes zu unterstützen. Dieser kurvilineare oder florale persische Stil erlaubte auch die Darstellung realistischer Zeichnungen und kam somit dem naturalistischen Geschmack dieses Volkes entgegen. Die Weiterentwicklung des Musters führte auch zu großen technischen Umwälzungen, vor allem auf drei Gebieten. Zunächst verwendeten die Knüpfer bei den feinsten Stücken Seide für das Grundgewebe sowie für den Flor. Damit waren eine feinere Knüpfung und detailreichere Musterung möglich. In den wichtigsten Städten wie Täbris, Isfahan, Kaschan, Kirman und Herat entstanden Hofmanufakturen (ähnlich wie unter den Osmanen in Anatolien und den Mamelucken in Ägypten), wo hochspezialisierte Handwerker die großen, für den safavidischen Adel bestimmten Teppiche knüpften. Ein weiterer Aspekt war, daß eine Trennung zwischen der kreativen Phase und der Herstellung des Teppichs erfolgte. Die Miniaturenmaler des Hofes erhielten nämlich den Auftrag, Muster zu entwerfen, die schließlich auf Kartons übertragen wurden. In dieser Form dienten sie als Knüpfvorlage. Diese Unterscheidung zwischen dem schöpferischen Künstler und dem nur noch ausführenden Handwerker war bahnbrechend und führte zu einer völligen Abkoppelung der Produktion an höfischen oder städtischen Manufakturen von der Produk-

Der Ardebil-Teppich

Der prächtige Ardebil-Teppich stellt sowohl in technischer wie in künstlerischer Hinsicht eines der größten Meisterwerke der Knüpfkunst dar. Der enorm große Teppich (534 x 1152 cm) hat ein Grundgewebe aus Seide und einen Flor aus Wolle. Es wurde der asymmetrische Knoten verwendet. Eine Kartusche an der Außenseite einer Querbordüre enthält zusammen mit einigen lyrischen Versen die Jahresangabe 946 (die unserem Jahr 1539/1540 nach Christus entspricht) sowie einen Namen: Maqsud von Kaschan. Vielleicht handelt es sich um den Autor des Musters oder um den Auftraggeber. Einige Forscher behaupten, jener Maqsud habe den Teppich der Moschee der persischen Stadt Ardebil zum Geschenk gemacht und daher stamme auch der Name des Teppichs. Umstritten ist auch der Herkunftsort des Teppichs, wobei Täbris und Kaschan im Gespräch sind. Jedenfalls stellt die reiche Musterung den stilistischen Höhepunkt in der Ent-

wicklung des persischen Medaillonteppichs dar. Das zentrale Medaillon ist in sechzehn Schnitze unterteilt und von ebenso vielen mandelförmigen Anhängern umgeben. In der Längsachse befinden sich zwei Lampen, und in den Zwickeln

des Feldes werden exakte Viertel des Medaillons sichtbar. Das restliche Feld ist von reichbewegten Ranken und Arabesken mit kleinen floralen Elementen ausgefüllt. Drei Borten, darunter eine mit Wolkenbandmotiven, begleiten die Hauptbordüre, die unterschiedlich geformte Kartuschen aufweist. Die Farben sind sehr vielfältig und harmonieren perfekt. Auf dem intensiv blauen Hintergrund des Feldes tritt das Gelb des Medaillons, der Zwickel und der Bordüren sowie die anderen Farben der übrigen Muster deutlich hervor, wobei hier Rot und Hellblau dominieren. Der Ardebil-Teppich gelangte gegen Ende des vergangenen Jahrhunderts nach Europa und wird heute im Londoner Victoria and Albert Museum gezeigt. Der Teppich wurde jedoch als Paar angefertigt. Das zweite, nur teilweise erhaltene Stück gehört dem County Museum of Art in Los Angeles und wird auch im Getty-Museum in Malibu ausgestellt.

tion in nomadischen Siedlungen oder in Dörfern. Hier wurden weiterhin Muster verwendet, die seit Generationen im Gedächtnis der Menschen verankert waren oder die spontan am Webstuhl entstanden. Gefördert vom Mäzenatentum der Safaviden, schufen die berühmtesten persischen Künstler äußerst komplizierte Muster und legten auch umfangreiche Farbpaletten fest. Dabei verwandelten sie die Teppiche oft in Buchseiten, auf denen sie dichterische oder religiöse Verse niederschrieben. Diese Meister versahen ihre Schöpfungen bisweilen mit Namen und Datum und machten sie damit in noch stärkerem Maße zu echten Kunstwerken. Diese Entwicklung fand in Persien im 16. Jahrhundert statt. Dabei veränderte sich auch die Bedeutung des Teppichs in grundlegender Weise. Aus einem Gegenstand, der seit jeher zum täglichen Leben und zum religiösen Kult gehört hatte, wurde das soziale Emblem einer reichen Klasse und somit ein Luxusgegenstand, mit dem die Paläste geschmückt wurden. Teppiche stellten damals auch ein prächtiges repräsentatives Geschenk dar, mit dem man die Herrscher der bedeutendsten europäischen Staaten in Erstaunen versetzen wollte. Für solche Zwecke wurden auch oft Gold- und Silberfäden

PERSIEN

Medaillonteppich. Nordpersien (?), Ende 16. bis Anfang 17. Jh. Zur Safavidenzeit konnte der Teppich zu einer Buchseite mit religiösen Texten werden. Das gesamte Feld ist in Abschnitte mit Inschriften unterteilt.

eingeknüpft. Die enge Verbindung zwischen dem Adel jener Zeit und der Teppichknüpfkunst wird auch von der Geschichte bestätigt. Als in der Mitte des 17. Jahrhunderts die Safaviden ihre mäzenatische Unterstützung einschränkten, ging auch die Produktion bedeutender Teppiche langsam zurück. Nach 1722, das heißt parallel zur Invasion durch die Afghanen und zum Untergang der Dynastie der Safaviden, geriet sie vollends in die Krise.

Typologie antiker Teppiche

Sehr alte persische Teppiche sind heute ausgesprochen selten, nicht zuletzt auch deswegen, weil sie schon in ihrer Entstehungszeit einen großen Wert darstellten. So ist es kein Zufall, wenn sich heute praktisch alle Teppiche, die aus der Zeit der Safaviden erhalten geblieben sind, in großen Museen und Sammlungen befinden. Sie lassen sich nicht nach ihrem Herstellungsort einteilen, weil dieselben Vorlagen offensichtlich in verschiedenen Werkstätten verwendet wurden, weil keine technischen Unterschiede zwischen ihnen bestehen und weil die Endprodukte somit auch dieselben Eigenschaften aufweisen, zum Beispiel die großen Ausmaße und die Verwendung von Seide und wertvollen Metallfäden. Die größten Manufakturen der Safavidenzeit befanden sich in Täbris, Kaschan, Kirman, Herat, Isfahan und Dschoschaghan. Im allgemeinen kann man zwischen ihnen

nur sehr oberflächliche Unterschiede feststellen. Täbris zeichnet sich durch eine ungewohnte farbliche Strenge und eine gewisse Starrheit der Musterung aus. Kaschan hingegen stellte phantasiereichere und offenere Teppiche her und verwendete fast ausschließlich Seide. Herat und Isfahan lassen sich nur schwer voneinander unterscheiden, weil beide dieselben floralen Elemente verwendeten, auch wenn für Herat vielleicht eine größere

Lebhaftigkeit der Komposition und für Isfahan ein überreicher, fast barocker Charakter typisch sind. Die beste, wenn auch immer noch lückenhafte Einteilung erfolgt somit nach der Musterung. Wir unterscheiden Medaillonteppiche, Tierteppiche, Jagdteppiche, Gartenteppiche, Teppiche mit der Darstellung von Bäumen und Sträuchern, Vasenteppiche, Teppiche mit der Darstellung von Blüten und Palmetten, Polenteppiche und Portu-

Medaillonteppich. Zentralpersien (Kaschan?), Mitte
16. Jh. Der persische Medaillonteppich weist eine stark zentralisierte Form auf. Der gesamte Teppich ist in kurvilinearem Stil gehalten und weist im
Feld sehr realistische Pflanzen-
und Tierdarstellungen auf.

giesenteppiche. Diese Mustertypen wurden in jeder späteren
Epoche und überall nachge-
ahmt, erreichten aber nie die
Kreativität und die technische
Perfektion jenes goldenen Zeit-
alters in Persien.

Medaillonteppiche

Diese eher schmalen, jedoch
großflächigen, im Mittel vier
bis fünf Meter langen Stücke
zeigen ein dicht von Arabesken
und Blütenmotiven durchsetz-
tes Feld, das auch oft von Tier-
und Menschenfiguren bevölkert wird. Im Zentrum dominiert ein unterschiedlich ge-
formtes Medaillon. Es kann
sternförmig, kreisrund, eingebuchtet oder spitzbogig sein,
setzt sich aber immer durch
seine Größe und kontrastierende Farbe vom Hintergrund
ab. In den meisten Fällen
schließt es mit zwei Anhängern in Längsrichtung ab, um
dem Teppich eine Symmetrie-

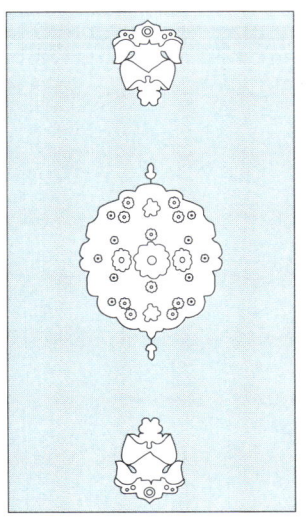

PERSIEN

achse zu verleihen. Meistens sind in den Zwickeln des Feldes Teile weiterer Medaillons vorhanden. Sie können auch eine andere Form als das zentrale Medaillon aufweisen, sollen aber in jedem Fall die unendliche Wiederholung des Musters suggerieren. Die ziemlich breiten Bordüren weisen florale Elemente oder häufig mit Inschriften versehene Kartuschen auf.

Dieser Mustertyp entwickelte sich in derselben Zeit, aber unabhängig von Persien auch in Anatolien. Einen großen Einfluß übten in Persien, wie schon erwähnt, die Miniaturmalerei und die Dekoration der Bucheinbände aus. Auf dieser Grundlage entstand auch der Unterschied zur anatolischen Auffassung, der sich vor allem durch ein größeres Gleichgewicht und ein stärker entwickeltes Gefühl für die auf den Mittelpunkt ausgerichtete Anlage des Musters und die Formvollendung äußerte. Die Produktion begann in den ersten Jahren des 16. Jahrhunderts und fällt somit mit dem Aufstieg der Dynastie der Safaviden zusammen. Die wichtigsten Zentren waren Täbris, Kaschan, Kirman und Herat. Der Medaillonteppich entwickelte sich zum wichtigsten Typ des Perserteppichs, auch zu allen späteren Zeiten.

Tierteppiche und Jagdteppiche

Dank der größeren Freiheit des Ausdrucks, die die Safavidenherrscher unter dem Einfluß des schiitischen Islam zugestanden, schufen die persischen Künstler im 16. Jahrhundert zwei weitere, sehr ähnliche, ausgesprochen erfolgreiche Teppichtypen. Den Tierteppichen fehlt ein zentrales Medaillon; dafür zwingen sie dem Betrachter eine bestimmte Blickrichtung auf. Über das gesamte Feld sind Arabesken oder, häufiger noch, naturalistisch gestaltete Sträucher und andere Pflanzen verstreut. Zwischen ihnen be-

wegen sich die unterschiedlichsten Tierarten, die sich farblich vom Untergrund abheben. Es werden wilde Tiere bisweilen im Kampf abgebildet, mythische oder phantasti-

100

Medaillonteppich mit Jagdszenen. Nordwestpersien
(Täbris?), datiert 1522/23 oder
1542/43; 365 x 570 cm. Auf
solchen Jagdteppichen sind bewaffnete Reiter dargestellt, die
mit wilden Tieren kämpfen,
wie auf der Detailzeichnung
unten zu sehen ist.

sche Tiere, sogar auch Haus-
tiere. Ursprünglich hatten diese Figuren nicht eine ausschließlich dekorative, sondern auch eine symbolische
Bedeutung, indem sie auf eine
höhere Welt und Ordnung hin-
wiesen. Diese Tierteppiche
wurden vor allem in vier spezialisierten Manufakturen hergestellt, nämlich in Täbris, wo
die Tiere über die floralen Elemente dominierten, in Herat,
wo das Umgekehrte der Fall
war, ferner in Kaschan und
Isfahan.

Die Jagdteppiche stellen in
Wirklichkeit eine Sonderform
der Medaillonteppiche dar. Die
Musterung des Feldes umfaßt
bei ihnen nicht nur die üblichen engen Arabesken und
die gewohnten naturalistischen Blütenformen, sondern
auch Szenen mit lanzen- oder
bogentragenden Reitern. Sie
verfolgen dabei Beutetiere
oder kämpfen mit ihnen. Bei
der Ausarbeitung dieser Teppiche ließen sich die Künstler
nicht nur von der Miniaturmalerei und der zeitgenössischen
Literatur inspirieren, sondern
beobachteten auch das prunk-
volle Leben am Hof. In ihrer
Darstellung spielten sie sym-
bolisch auf den Garten Eden
und das Paradies an. Wahrscheinlich waren vor allem die
Manufakturen von Kaschan
auf die Knüpfung dieser Teppiche spezialisiert.

PERSIEN

Gartenteppich. Südpersien (Kirman?), 17. bis 18. Jh. Gartenteppiche sind recht selten. Sie zeigen eine regelmäßige geometrische Aufteilung in verschiedene Beete, zwischen denen rechtwinklig aufeinanderstoßende Achsen liegen. Sie entsprechen den Bächen oder Kanälen in solchen Gärten.

Gartenteppiche und Teppiche mit der Darstellung von Bäumen und Sträuchern

Diese beiden Mustertypen sind von der Thematik wie vom Symbolgehalt eng miteinander verbunden. Beide spielen auf das Paradies an und verwendeten als Vorbilder, in einer sonst halbwüstenhaften Umgebung, die grünen Parks und Gartenanlagen der Herrscherpaläste.

Der Gartenteppich stellt sozusagen im Grundriß Bäche, Quellen und kleine Seen dar, die das Feld in vier, sechs oder acht Abteilungen gliedern. Jede Abteilung beherbergt realistisch dargestellte Pflanzen und Blüten. Die Gewässer werden gelegentlich von Fischen und Wasservögeln in naturalistischer Darstellung bevölkert. Die noch erhaltenen Teppiche wurden wahrscheinlich in Kirman geknüpft und gehen ins 17. Jahrhundert zurück, wobei im Verlauf des 18. Jahrhunderts eine zunehmende Stilisierung der Formen erfolgte. Auf dieselben Jahrhunderte geht auch eine stärker geometrisch geprägte Interpretation des Gartenteppichs mit weniger lebhaften Farben zurück. Dieser Teppichtyp entstand in Kurdistan und zeichnet sich durch sehr schematische Abteilungen mit kleinen vieleckigen Medaillons und stark stilisierten pflanzlichen Elementen aus. Die Teppiche mit den Darstellungen von Bäumen und Sträuchern wurden im 16. Jahrhundert entwickelt. Man kann sie auch als eine veränderte Version der Gartenteppiche betrachten, allerdings ohne Tierdarstellungen. Unterschiedliche Bäume, vornehmlich Zypressen und Weiden, wechseln mit blühenden Sträuchern im Mittelfeld ab. Es kann auch ein zentrales Medaillon ausgebildet sein. In Teppichen aus dem 17. Jahrhundert überwiegt eine symmetrische Komposition in waagrechten Reihen. Dieser Mustertyp stammt wahrscheinlich aus Ostpersien. Es existiert auch eine stärker geometrisch ausgeprägte Variante, bei der Pflanzen mit Reihen kleiner Medaillons abwechseln; das Knüpfgebiet ist wiederum Kurdistan, die Entstehungszeit liegt zwischen dem Ende des 16. und dem Anfang des 17. Jahrhunderts.

Vasenteppiche

Vasenteppiche können nur in einer Richtung betrachtet werden: Im unteren Teil des Mittelfeldes entspringen sehr lange Blütenstiele meistens aus zierlichen Vasen und erstrecken sich bis zur Oberkante des Feldes. Sie schneiden sich in regelmäßigen Intervallen und lassen dadurch ein mehr oder minder kurvilineares Gitter entstehen, das sich über das gesamte Feld zieht. Dieses Gitter bestimmt die Verteilung der Blätter, Palmetten und Blütenformen. Der Vasenteppich entstand wahrscheinlich gegen Ende des 16. Jahr-

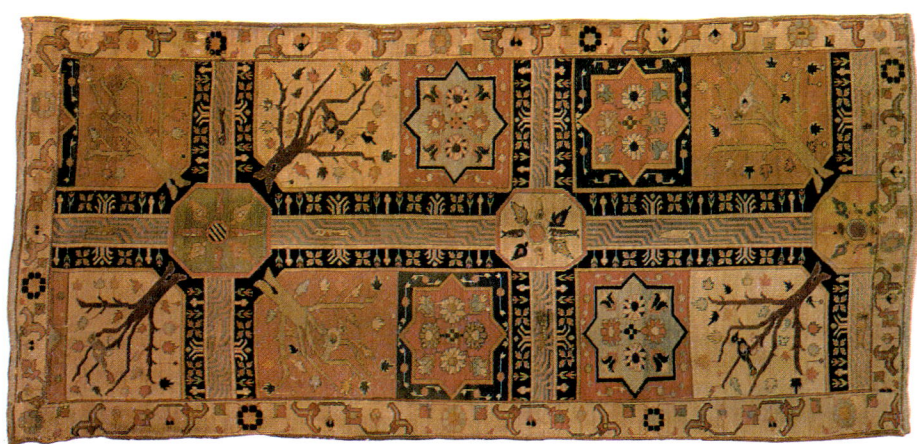

Teppich mit der Darstellung
von Bäumen und Sträuchern.
Nordostpersien (Herat),
Anfang 16. Jh. Die Bäume sind
hier realistisch dargestellt und
stehen in symmetrisch an-
geordneten Reihen. Solche

Teppiche zeigen vor allem
Zypressen und Weiden.

PERSIEN

hunderts während der Herrschaft von Schah Abbas I. dem Großen. Die Produktion wird den Manufakturen von Dschoschaghan und Kirman zugeschrieben. Vasenteppiche produzierten die Werkstätten bis zu Beginn des 18. Jahrhunderts, doch dieser Typus beeinflußte sehr stark auch die Tendenzen in den darauffolgenden Jahrhunderten.

Es gibt noch eine zweite Art von »Vasenteppichen«: Sie sind nach der sogenannten »Vasentechnik« hergestellt. Ihr Kennzeichen sind drei Schußfäden pro Knotenreihe, wobei die beiden äußeren Schußfäden straff gespannt werden, während der zentrale Schuß locker bleibt. Damit ergibt sich eine räumliche Staffelung der Schüsse, die auf der Rückseite des Teppichs in Form einer Nervatur deutlich wird. Da die ältesten Teppiche, die nach dieser »Vasentechnik« gefertigt wurden, auch die entsprechende Musterung mit blumengefüllten Vasen aufwiesen, blieb ihnen dieser Name erhalten. Viele nach der Vasentechnik geknüpften Teppiche zeigen jedoch ganz andere Muster und gehören zum Beispiel zu den Medaillonteppichen oder den Gartenteppichen. Sie fallen durch eine sehr bunte, lebhafte Färbung auf und werden, mit einigen Unsicherheiten allerdings, Kirman zugeschrieben. Auch ihre Datierung ist sehr umstritten und reicht vom Ende des 16. bis zum Beginn des 18. Jahrhunderts. Die Teppiche mit dem echten Vasendesign müssen übrigens nicht notwendigerweise auch nach der Vasentechnik geknüpft sein.

Teppiche mit Blütendarstellungen

Zu dieser Gruppe gehören zahlreiche Exemplare, darunter auch sehr bekannte und hochgeschätzte Stücke. Das Muster erstreckt sich über das ganze Feld. Im Hinblick auf Größe und Farbkontrast mit dem roten Hintergrund dominieren unterschiedlich ausgerichtete Palmetten, Lanzettblätter und häufig auch Wolkenbänder. Für eine weitere Auflockerung sorgen kleinere florale Elemente, die untereinander durch dünne Arabesken und Ranken verbunden sind.

Die Schah-Abbas-Palmette

Während der Herrschaft von Schah Abbas I. dem Großen (1587–1629) schufen die größten Künstler und Miniaturenmaler des Hofes immer reichere, raffiniertere Muster, die sie auf Teppiche übertrugen. Sie entwarfen dabei nicht nur neue Formen, sondern verwandelten auch bereits bekannte und in der allgemeinen künstlerischen Tradition verwurzelte Motiven, zum Beispiel die Palmette. Dieses alte blütenähnliche Motiv hatte als Vorlage wohl die fächerförmig angeordneten Blätter der Palme oder die Lilienblüte. Nachdem die Palmette zu Beginn des 16. Jahrhunderts in noch etwas steifer Form erstmals auf

Teppichen zu sehen war, wurde sie im Laufe desselben Jahrhunderts immer reicher gestaltet, so daß sie schließlich zum wichtigsten pflanzlichen Motiv wurde. Die Künstler am Hof von Schah Abbas arbeiteten reichere, stärker naturalistisch geprägte Formen aus und schufen noch etwas geschlossene, knospenförmige und deshalb längliche Palmetten oder Palmetten mit weit geöffneter Krone. Eine solche Palmettenform wurde nach Schah Abbas benannt. In der Musterung des Teppichs waren diese Palmetten untereinander durch kurvilineare Stengel verbunden und wiesen als zusätzlichen Schmuck gebogene Lanzettblätter auf. Die Schah-Abbas-Palmette war ein überaus beliebtes und verbreitetes Schmuckelement und überlebte auch die darauffolgenden Jahrhunderte.

Nur in seltenen Fällen treten, aber immer eher im Hintergrund, Vögel und andere Kleintiere auf. Die Bordüren sind im allgemeinen sehr dunkel und von einem schwer definierbaren Farbton zwischen Blau, Grün und Schwarz gehalten. Sie weisen meistens das Herati-Motiv auf, das heißt große Blüten oder Palmetten mit großen Lanzettblättern an den Seiten. Das florale Muster dieser Teppiche entstand gegen Ende des 16. Jahrhunderts, war sehr erfolgreich und erfuhr eine weite Verbreitung. Deswegen kann man nicht mit Sicherheit sagen, woher die Teppiche stammen. Die Exemplare dieser Gattung wurden bisher alle Isfahan zugeschrieben, doch neigt man heute eher zu Herat. In beiden Fällen handelt es sich jedoch nur um Handelsnamen, die der Bequemlichkeit halber gewählt wurden, denn andere Produktionszentren kann man nicht mit Sicherheit ausschließen. Insbesondere schreibt man der Stadt Herat die Entwicklung eines der häufigsten Schmuck-

PERSIEN

Teppich mit Blütenmusterung. Nordostpersien (Herat?), Ende 16. bis Anfang 17. Jh. Diese Teppiche zeigen als Muster Palmetten in verschiedenen Formen und Größen. Diese Motive sind untereinander durch Ranken und kontinuierliche Arabesken verbunden. Charakteristisch für diese Teppiche sind das rote Feld und die dunkle Bordüre.

elemente auf solchen Teppichen zu, nämlich des Herati-Motivs. Ursprünglich bestand es aus einer Palmette oder einer Rosette, die nur von zwei großen, gezahnten, sichelförmigen Blättern umgeben war. Daraus entstand das den Fond füllende Herati-Muster, das in zahlreichen Varianten eine weite Verbreitung erfuhr, besonders in der persischen Produktion des 19. und 20. Jahrhunderts.

In diesem Zusammenhang müssen die Indo-Isfahan oder allgemein die indopersischen Teppiche genannt werden. Sie sind Zeugen dafür, daß sich das Muster dieser Blumenteppiche auch nach Indien ausbreitete. Man nimmt an, daß viele indopersische Teppiche von persischen Knüpfern in Indien hergestellt wurden. Eine sichere Unterscheidung der in Indien oder in Persien geknüpften Exemplare ist aber nicht möglich. Vielleicht zeigen persische Stücke eine größere kalligraphische Sensibilität, die von den schwarzen Umrissen der Figuren noch unterstrichen wird, sowie einen ausgeprägteren Geschmack für entschiedene Farbtöne. Auf indischen Teppichen hingegen sehen wir Muster mit hellen Umrissen oder ganz ohne Umrisse; es überwiegt auch eine charakteristische lackrote Farbe.

Die Blütenmuster, die vom Ende des 16. bis weit ins 18. Jahrhundert hinein geknüpft wurden, gehörten während der Safavidenzeit zu den erfolgreichsten Designs. Im 19. Jahrhundert wurde die Musteran-

Oben: Die schematische Zeichnung gibt den Prototypen des berühmten Herati-Motivs wieder: ein florales Element zwischen zwei charakteristischen Lanzettblättern mit gesägtem Rand.

Unten: Polenteppich mit zentralem Medaillon. Zentralpersien (Kaschan?), 17. Jh. Die Verwendung von Gold- und Silberfäden, die grobe Knüpfung, die florale Musterung und das Fehlen kalligraphischer Elemente sind die Hauptmerkmale dieser für den Export gefertigten Teppiche.

lage wiederentdeckt, und noch heute werden solche Teppiche in großem Umfang geknüpft.

Polenteppiche

Zu den Polenteppichen, die auch Schah-Abbas-Teppiche genannt werden, zählen zahlreiche Stücke der größten europäischen Sammlungen. Sie alle zeigen dieselben Stilmerkmale wie jene Teppiche, die 1878 bei der Weltausstellung in Paris gezeigt wurden. Sie gehörten damals dem polnischen Grafen Czartorysky. Hinzu kam, daß einige Stücke als Schmuck die Wappen polnischer Adelsfamilien aufwiesen. So kam es zu der Bezeichnung »Polenteppiche«, die eigentlich nicht zutrifft, denn es handelt sich um die Stücke einer speziellen persischen Produktion.

Kennzeichnend für die Polenteppiche sind die kostbaren Materialien, zum Beispiel der Flor aus Seide sowie Gold- und Silberfäden an besonders wichtigen Stellen des Musters. Charakteristisch ist die erhebliche Mustervielfalt mit Arabesken, Ranken, Palmetten und Wolkenbändern. Diese Motive sind entweder regelmäßig über das ganze Feld verstreut oder ordnen sich um ein zentrales Medaillon oder mehrere Medaillons an. Gemeinsam sind den Polenteppichen die zarten Farben, wobei Gelb, Rosa, Hellblau und Hellgrün überwiegen. In einem gewissen Gegensatz zu dieser Raffinesse steht die ziemlich grobe Knüpfung, die insgesamt wenig ori-

ginelle Musterung und die verringerte kalligraphische Sensibilität. Aber gerade diese Merkmale zeigen, daß es sich

um besondere Erzeugnisse handelt, die von Anfang an für weit entfernte, eher unwissende Benutzer geschaffen wurden. Sie waren somit für den Export gedacht, angesichts ihres unleugbaren Wertes aber nicht als Handelsprodukte, sondern als prachtvolle und repräsentative Geschenke für die bedeutendsten europäischen Fürstenhöfe. Diese »diplomatischen« Teppiche wurden erstmals unter der Herrschaft von Schah Abbas I. dem Großen

PERSIEN

Portugiesenteppich. Südpersien (?), 17. Jh; 372 x 677 cm. Diese Teppiche sind sehr lebhaft gefärbt und fein ausgearbeitet. Man erkennt sie vor allem an den Zwickeln, in denen Szenen aus dem Leben von Seefahrern mit großen Segelschiffen und europäisch gekleideten Passagieren (siehe Zeichnung unten links) dargestellt sind.

geschaffen und werden teilweise deswegen auch nach ihm benannt. Die Herstellungszeit reicht vom Ende des 16. Jahrhunderts bis zum Ende des 17. Jahrhunderts. Polenteppiche waren schon zu Beginn des 17. Jahrhunderts in Europa bekannt. Man schrieb sie den Manufakturen von Kaschan und Isfahan zu, doch gibt es heute noch große Unsicherheiten im Hinblick auf die Unterschiede zwischen diesen beiden Provenienzen.

Portugiesenteppiche

Als Portugiesenteppiche bezeichnen wir Stücke mit einer eigentümlichen Musterung, die sich von der restlichen safavidischen Produktion abhebt. Die Teppiche weisen ein zentrales, abgestuftes, mehrschichtiges Medaillon mit engen Arabesken und Tierdarstellungen auf. Typisch sind die figürlich gemusterten Zwickel, in denen Szenen aus der Seefahrt mit Wellen, Fischen, Schwimmern und vor allem großen Segelschiffen mit Besatzung und Passagieren in europäischer Kleidung darge-

Medaillonteppich aus Kirman. 19. Jh. Der Medaillonteppich geht in seiner Anlage auf alte Stücke der Safavidenzeit zurück und wird im 19. Jh. zum Perserteppich schlechthin. Das zentrale Medaillon ruht hier auf einem Feld, das mit Arabesken, Blumen und verschiedenen Figuren übersät ist.

stellt sind. Das Vorhandensein dieser Figuren legt eine Herkunft aus der indischen Stadt Goa nahe, einer seit langer Zeit bestehenden portugiesischen Kolonie. Die eigentümliche Musterung dieser Teppiche, die sich von der restlichen Produktion der Safaviden deutlich unterscheidet, ließ auch an einen Export nach Europa und an Bestellungen durch die Portugiesen denken. Die Ausführung könnte in Goa oder in südpersischen Manufakturen möglich gewesen sein, mit denen die Portugiesen im 17. Jahrhundert enge kommerzielle Beziehungen pflegten. Wie dem auch sei, die Provenienz dieser Stücke ist noch nicht geklärt; auch Nordpersien ist noch im Gespräch. Diese einzigartigen, lebhaft gemusterten und großen Teppiche gehen alle ins 17. Jahrhundert zurück. Ihre Musterung verwendeten die Manufakturen von Täbris im vorigen Jahrhundert wieder als Vorlage.

Die Produktion im vorigen Jahrhundert

Nach der Invasion durch die Afghanen im Jahr 1722 folgte in Persien eine lange Zeit des politischen und kulturellen Obskurantismus. Nach dieser Krise, die das ganze 18. Jahrhundert andauerte, erlebte die persische Teppichknüpfkunst in der zweiten Hälfte des 19. Jahrhunderts eine Renaissance. Es wurden alte und neue städtische Manufakturen eröffnet, bisweilen auch auf Betreiben des westlichen Auslandes wie im Fall der Werkstätten der englischen Firma Ziegler in Täbris und Sultanabad, die 1883 den Betrieb aufnahmen. Die alten persischen Stücke, die sich in recht großer Zahl erhalten haben, wurden zum größten Teil in berühmten städtischen Manufakturen geschaffen. Eine geringere Anzahl schufen hingegen nomadische Stämme.

Die städtische Produktion

Diese Produktion ist durch die mehr oder minder getreue Wiederaufnahme der Raumaufteilungen und Muster aus der »klassischen« Safavidenzeit gekennzeichnet. Diese Wieder-

PERSIEN

Gebetsteppich aus Kaschan.
19. Jh. Die Anlage des Gebetsteppichs stammt aus Anatolien.
Persische Stücke unterscheiden sich durch den feinen
Mihrab und die naturalistische
Musterung.

deutig kurvilinear oder floral, doch sind in gewissen Knüpf-gebieten geometrische Interpretationen nicht selten, seien sie nun abstrakt oder stilisiert. Der häufigste Teppichtyp, der schließlich zum repräsentativsten der gesamten persischen Produktion wurde, ist der Medaillonteppich. Das zentrale Medaillon ist rundlich oder oval oder ähnlich wie Blütenblätter gestaltet und ruht auf einem Fond mit Arabesken, Palmetten, Blättern, Blüten und oft auch kleinen Darstellungen realer oder phantastischer Tiere der unterschiedlichsten Arten. Beliebt sind auch die Jagd- und Tierteppiche, und es mangelt auch nicht an Teppichen mit übereinanderliegenden Medaillons oder Stücken mit unterschiedlichen Motiven, die sich reihenweise wiederholen oder schachbrettartig über das ganze Feld angeordnet sind.

Nun treten auch Gebetsteppiche auf, die Mihrabs mit gekrümmten Giebeln und naturalistische florale Muster aufweisen. Die Produktion solcher Stücke war jedoch sehr begrenzt; man wollte damit lediglich die westliche Nachfrage befriedigen. Der Gebetsteppich stellte in Persien nämlich einen kulturellen Import dar, denn Teppiche hatten in diesem Land immer eine stärker künstlerische und soziale als eine religiöse Funktion. Unter den Mustern, die in geometrischer oder kurvilinearer Form erhalten blieben, finden wir das Minah khaneh, das Zil-i-sultan, das Kharschang, das Afschan, vor

aufnahme erfolgte, um die große Vergangenheit nach der Periode des Niedergangs erneut zum Leben zu erwecken und um die wachsende Nachfrage des abendländischen Marktes zu befriedigen. Die städtischen Stücke stellen deswegen aber keineswegs eine wertlose Produktion dar, auch wenn sie teilweise durch den Mangel an Originalität und Schöpferkraft und vor allem

durch die immer stärkere kommerzielle Ausrichtung etwas an Wert verloren. Von der antiken Produktion blieben der allgemeine ausgeglichene, lyrische Charakter erhalten, ferner die Verwendung zahlreicher, niemals schreiender Farben sowie die typische sorgfältige Beachtung des Musters und der Linie, wobei die Figuren schwarze Umrißlinien zeigen. Der überwiegende Stil ist ein-

Senneh mit Herati-Motiven auf dem ganzen Feld. 19. Jh. Vom 19. Jh. an gehört das Herati-Motiv zusammen mit dem Boteh zu den am weitesten verbreiteten Mustern in Persien. In unterschiedlichen Versionen wird es für das Mittelfeld wie für die Hauptbordüre verwendet, wie man an diesem Stück sehen kann.

allem aber das Boteh, das seit dem 18. Jahrhundert als Schmuck des Mittelfeldes und der Bordüren in die Musterung Eingang fand, sowie das Herati. Dieses Motiv stammt von einem einfachen Prototypen aus dem 16. Jahrhundert ab und wurde wahrscheinlich im 18. Jahrhundert fertig ausgebildet. Es besteht aus einem komplizierten System von Blüten und lanzettlichen Blättern um eine Rautenfigur herum und wird nun überwiegend im Mittelfeld verwendet. Als Muster für die Bordüren sind neben dem Herati vor allem das Boteh, Kartuschen und die Medachyl-Borte zu nennen.

Der westliche Einfluß

Gegen Ende des 19. Jahrhunderts entwickelten sich zwei Teppichtypen, die vom westlichen Geschmack und der westlichen Kultur beeinflußt waren und einigen Erfolg hatten. Der erste Typ ist der figürliche Teppich. Es sind einzelne mythische Szenen aus der Literatur oder den persischen Epen sowie besondere Episoden aus der persischen Geschichte abgebildet. In anderen Fällen sehen wir Szenen aus der Jagd oder dem täglichen Leben, oder es finden sich sogar Portraits berühmter Männer oder des Bestellers. Die Bordüren zeigen im allgemeinen Kartuschen mit unterschiedlichen Inschriften und lyrischen Versen. Längere Inschriften, die die dargestellte Szene erläutern, finden wir auch im Inneren des Feldes.

All diese Szenen verraten deutlich den Einfluß der lokalen Miniaturmalerei aber auch westlicher Stiche, Drucke und Fotografien. Das erkennen wir vor allem am Willen zur realistischen Darstellung, besonders was die Proportionen und die Umgebung anbelangt. Am Ende des 19. Jahrhunderts erscheint also die menschliche Figur zum ersten Mal in einer Hauptrolle auf dem Teppich. Sie verliert sich nicht mehr auf dem dicht mit Arabesken und Ranken gemusterten Hintergrund, sondern steht im Zentrum von Szenen, die wie gemalt wirken. Da die Knüpftechnik an sich aufgrund der geometrischen Natur des Knotens Szenen nicht völlig realistisch wiedergeben kann und diese Figurenteppiche der bisherigen Tradition völlig fremd waren, entstand ein sehr eigentümlicher Teppichtyp, den längst nicht alle lieben und schätzen. Unter den zahlreichen Knüpfzentren zeichneten sich vor allem Kaschan und Kirman aus.

Der zweite Teppichtyp des 19. Jahrhundert orientierte

PERSIEN

sem Grund stehen die persischen Nomadenteppiche heute in vielen europäischen Ländern höher im Kurs als die klassischen Perserteppiche aus den städtischen Manufakturen. Die alten persischen Nomadenteppiche sind durch abstrakte oder stilisierte geometrische Muster gekennzeichnet und unterscheiden sich von den entsprechenden Teppichen anderer Gebiete durch ihre im allgemeinen stärker ausgearbeitete, dichtere Musterung, was oft auf den Einfluß städtischer Motive zurückzuführen ist. Die Farben hingegen wirken wie anderswo lebhaft und kontrastreich. Eine Sonderstellung nehmen in dieser Hinsicht die Beludschteppiche ein, die sich durch düstere, dunkle Farben auszeichnen.

Für alle persischen Nomadenteppiche stellt sich das Problem, daß wir die Herkunft noch nicht mit Sicherheit angeben können, vor allem wegen der Größe des Territoriums und der Nähe weiterer wichtiger Produktionszentren, mit denen natürlich ein Austausch erfolgte, nämlich mit Anatolien, dem Kaukasus und Turkestan. Sie werden deswegen nicht genau bestimmten Gruppen oder Dörfern, sondern allgemeiner größeren Stämmen oder den Gebieten zugeordnet, in denen diese Stämme leben.

sich an der floralen Musterung französischer Werke des 18. Jahrhunderts. So wurden in die Teppiche große Kompositionen mit Rosen, Päonien und anderen naturalistisch dargestellten Blüten in Form von Sträußen oder kräftigen Rispen übernommen. Diese Teppiche wurden in Pastelltönen geknüpft, wobei eine Vorliebe für Hellgelb, Beige (besonders für den Fond) und vor allem Rosa in allen Schattierungen zu konstatieren ist. Senneh stellte eines der wichtigsten Produktionszentren für diesen Typ dar.

Die Nomadenproduktion

Auch in Persien blieben die Nomadenteppiche stets dem traditionellen Stammesleben verhaftet und waren zunächst gefeit gegenüber Anfechtungen kommerzieller Natur. Aus die-

Die wichtigsten Knüpf-
gebiete

Im Gegensatz zu den Noma-
denteppichen können wir die
Stücke, die in städtischen Manufakturen und Werkstätten
entstanden sind, aufgrund ihrer stilistischen und technischen Merkmale nach ihrer
Herkunft einteilen. Im allgemeinen läßt sich die umfangreiche und vielfältige urbane
wie nomadische Produktion
Persiens wie die Anatoliens
in geographische Großräume
einteilen, die ihrerseits wieder
verschiedene Regionen und
Zentren umfassen. Im folgenden wollen wir die wichtigsten,
repräsentativsten persischen
Provenienzen mit ihren Typologien behandeln.

PERSIEN

Figurenteppich aus Täbris.
19. Jh. In Täbris wurde eine
Reihe von Figurenteppichen
mit recht bewegten Szenen
gefertigt. Typisch ist auch die
Hauptbordüre mit weiteren kontinuierlich dargestellten Szenen.

Nordwestpersien

Täbris. Täbris ist ein altes Knüpfzentrum; von dieser Stadt ging die Renaissance der persischen Manufaktur des 19. Jahrhunderts aus. Die Teppiche unterscheiden sich durch die Knüpfung mit symmetrischen Knoten (im Gegensatz zur Safavidenzeit, in der der asymmetrische Knoten gebraucht wurde), durch die Verwendung einer besonders rauhen und kräftigen Wolle und schließlich durch die Gewohnheit, den Flor des Teppichs niedrig bis in mittlere Höhe zu scheren. Im allgemeinen ist für die Produktion von Täbris ausgeprägtes handwerkliches Können kennzeichnend, besonders bei den Seidenteppichen. Stilistisch gesehen unterscheidet sich diese Produktion durch eine besondere Genauigkeit in den Details, auch wenn die Musterung insgesamt nicht sehr originell erscheint und auf die klassischen Vorbilder zurückgeht. Am häufigsten ist der Medaillonteppich mit Teilen identischer Medaillons in den Zwickeln. Es gibt aber auch Vasenteppiche, Tierteppiche und sogar Gebetsteppiche vom Gördestyp. Eine kleine Minderheit zeigt auch unterschiedliche figürliche Szenen. Die Bordüren weisen im allgemeinen das Herati-Motiv, Kartuschen mit Inschriften und Wolkenbänder auf. Typisch für Täbris sind die schmalen Außensaumborten mit kleinen floralen Motiven. Die Farben sind für die Bestimmung nicht sehr bedeutsam; es herrschen Blau, Elfenbein, Terrakottarot, auf Teppichen für den westlichen Markt auch Pastellfarben vor.

Heris. Die Produktion des 19. Jahrhunderts (Wolle) geht mit Sicherheit auf die antike Produktion zurück, auch wenn keine entsprechenden Belege vorhanden sind. Sie unterscheidet sich nicht nur durch den symmetrischen Knoten und das zum Quadrat neigende Format, sondern vor allem durch den besonderen Stil. Tatsächlich zeichnen sich diese Teppiche dadurch aus, daß die klassischen persischen

Medaillonteppich aus Heris. 19. Jh. Teppiche dieser Provenienz erkennen wir leicht am geometrischen Stil, am typischen vier- oder achtstrahligen Sternmedaillon (siehe Zeichnung) und am stilisierten Herati-Motiv in der Bordüre. Durch die Gesamtanlage des Teppichs wird das einzigartige zentrale Medaillon hervorgehoben.

Blütenmotive in entschieden geometrische Formen umgesetzt werden. Das Muster wird dabei von zwei oder mehr Umrißlinien in verschiedenen Farben unterstrichen. Am häufigsten sieht die Raumaufteilung ein großes, zentrales, sternförmiges Medaillon mit vier oder acht Strahlen vor. In den Zwickeln finden wir geometrische Motive. Die Bordüren werden vom ebenfalls geometrisierten Herati-Motiv geschmückt und zeigen infolge dieser Entwicklung oft das Schildkrötenmotiv; es kommen auch kleine, unterschiedlich zusammengesetzte Polygone vor. Charakteristisch ist auch die Farbwiedergabe, die im Gegensatz zur übrigen persischen Produktion große einheitliche Felder bevorzugt. Die meistverwendeten Farbtöne sind Rostrot, Elfenbein, Hellgelb, Blau

und Hellblau. In Heris wurden in geringer Zahl auch Seidenteppiche mit entschieden kommerziellem Charakter geknüpft, denn sie weisen stärker zu den klassischen Formen neigende Blütenmotive auf, die teilweise sogar im traditionellen, kurvilinearen Stil geknüpft wurden. Diese Stücke sind meistens Gebetsteppiche mit fein ausgearbeiteten Nischen, kom-

plizierten floralen Elementen und Lebensbäumen.

Gebiet von Karadagh. In diesem problematischen Gebiet wohnt ein Völkergemisch mit nomadischer und halbnomadischer Produktion. Die Teppiche weisen ein längliches Format auf und sind mit dem symmetrischen Knoten geknüpft; stilistisch stehen sie kaukasischen Teppichen nahe. Die geometrische Musterung macht normalerweise von mehreren übereinanderliegenden Medaillons oder einem einzigen zentralen Medaillon Gebrauch. Sie ruhen in jedem Fall auf einem Fond, der von kleinen Vielecken oder geometrisierten pflanzlichen Elementen übersät ist. Typisch für die Bordüre sind das kaukasische Eichenblattmotiv, die achteckigen Sterne oder stilisierte Blütenstiele. Der Fond zeigt be-

Senneh mit Botehs im Mittelfeld. Ende 19. bis Anfang 20. Jh. Die Teppiche aus Senneh sind durch winzige, reihenartig angeordnete und über das ganze Feld verteilte Muster zu erkennen. Neben dem Boteh wird auch das Herati-Motiv viel verwendet.

sonders dunkle, blaue und braune Farben, während die Medaillons und die wichtigsten Muster in lebhafteren Farbtönen wiedergegeben werden, etwa in Rot, Elfenbein, Gelb und Hellblau.

Westpersien

Senneh. Auf dem westlichen Markt ist die Provenienz Senneh wegen ihrer hohen Knüpfdichte bekannt. Auf sie geht auch die Bezeichnung Sennehknoten für den asymmetrischen Knoten zurück, obwohl die Teppiche seit jeher mit dem symmetrischen Knoten geknüpft werden. Dank besonderer Knüpftechniken und der niedrigen Schur des Flors unterscheidet sich die Produktion von Senneh durch ihre winzigen Zeichnungen, die das ganze Feld ausfüllen. Es handelt sich vor allem um kleine Herati- oder Boteh-Motive, die in Reihen in unendlichem Rapport flächendeckend wiederholt werden. Herati-Motive finden sich auch im Inneren zentraler, oft konzentrischer, sechseckiger oder rautenförmiger Medaillons oder in mehreren übereinanderliegenden Medaillons. Erst gegen Ende des 19. Jahrhunderts schufen die Knüpfer neue Muster nach westlichem Geschmack, vor allem französisch anmutende Blumensträuße. Die Hauptbordüre weist normalerweise das Herati-Motiv auf. Im Fond überwiegen die Farben Blau, Schwarz und Elfenbein, während die Zeichnungen meistens in gelben, roten, hellgrü-

nen und cremefarbenen Tönen gehalten sind.

Bidjar. Auch für diese Teppiche verwendet man den symmetrischen Knoten. Insgesamt weisen sie eine große Mustervielfalt auf, zum Beispiel mit zentralem Medaillon mit dem Minah-khaneh-Motiv sowie dem Kharschang-Motiv. Die klassischen safavidischen Muster werden auf eine steife, ge-

radlinige Weise wiedergegeben, besonders was die Vasenmotive, die Arabesken und die Blütenranken anbelangt. Die Farben bilden eindeutige Kontraste: Auf dem allgemein dunklen Fond treten die leuchtend roten, hellblauen, gelben oder grünen Muster deutlich hervor.

Gebiet von Hamadan. Diese Produktion ist leicht durch

Oben: Bidjar mit Herati-Motiven auf dem ganzen Feld. 19. Jh.

Unten: Bidjar mit floraler Musterung. 19. Jh. Bei beiden Teppichen wird deutlich, daß die klassische persische Komposition in eine steifere geometrische Formensprache übertragen wurde. Typisch sind die bunten Farben, die mit dem Fond einen lebhaften Kontrast bilden.

technische und stilistische Merkmale zu unterscheiden. Es wird der symmetrische Knoten verwendet; die Teppiche zeigen eine hohe Schur und vor allem eine kompakte Struktur, weil zwischen zwei Knotenreihen nur je ein Schuß liegt. Am häufigsten sind die Teppiche mit einem zentralen oder mehreren übereinanderliegenden Medaillons versehen; charakteristisch ist ihre Rauten- oder Sechseckform. Zwei Anhänger vervollständigen das Medaillon, das im Inneren oft geometrisierte Herati-Motive aufweist. Geometrisch und linear ist auch die allgemeine Formensprache, denn auch die Bordüren werden in der Regel mit polygonen oder stilisierten pflanzlichen Motiven geschmückt. Fast stets ist eine Medachyl-Borte vorhanden sowie eine kamelfarbene Außenborte, wobei diese Farbe auch im Fond des Mittelfeldes Verwendung findet.

Gebiet von Malayer. Es handelt sich um eine komplexe Zone: Der Norden neigt mit rechteckigen Medaillons und kleinen Motiven im ganzen Feld stilistisch nach Hamadan. Der Osten hingegen zeigt mit dem ausgeprägteren zentralen Medaillon und den größeren und komplexeren floralen Mustern zu den Saruks und Farahans. Die Formensprache bleibt aber geometrisch geprägt, auch wenn bei der Knüpfung der symmetrische wie der asymmetrische Knoten verwendet werden. Weit verbreitet sind florale Muster, vor al-

Oben: Medaillonteppich aus Malayer. 19. Jh. Die florale Musterung, die an Teppiche aus Saruk und Farahan erinnert, verweist auf das Gebiet östlich von Malayer. Die Geometrie der Formen ist konstant.

Unten: Medaillonteppich aus Malayer. 19. Jh. Das große geometrische Medaillon und das sehr engräumige Herati-Motiv im Feld weisen auf eine Herkunft aus dem Gebiet nördlich von Malayer hin.

lem das Zil-i-sultan-Motiv, das auf dem ganzen Feld vorkommt oder sich dort mit rautenförmigen Medaillons abwechselt. Die Farben sind sehr lebhaft mit einer Vorliebe für Rot und Blau.

Gebiet von Farahan. Diese Teppiche werden vor allem mit dem asymmetrischen Knoten geknüpft und zeigen zwei verschiedene Typen. Beim ersten Typ sind persische Schmuckmotive floralen Ursprungs auf dem ganzen Feld verstreut, vor allem winzige geometrische Herati-Motive. Der zweite, auffallendere Typ ist ein außergewöhnlich ausgeglichener Medaillonteppich: In der Mitte dominiert das Medaillon, das Blütenmotive enthält und außen oft von einer Art Strahlenkranz umgeben ist. Das restliche Feld ist wenig gemustert und weist nur einige zerstreute florale Elemente auf. Ober- und unterhalb des zentralen Medaillons sind Bruchstücke zweier weiterer identischer Medaillons zu sehen. Diese Teppiche waren in Europa, besonders im viktorianischen England, heiß begehrt. Als weiteres Kennzeichen zeigt der Fond des Feldes eine rote oder beige Farbe.

Saruk (auch Sarough). Diese Teppiche werden in den meisten Fällen mit dem asymmetrischen Knoten geknüpft und lassen sich sehr leicht durch die typische lineare Version der traditionellen persischen Blütenmotive erkennen. Blütenstände, Blätter und Knospen erscheinen dadurch

Medaillonteppich aus Farahan.
Anfang 19. Jh. Charakteristisch
ist das rundliche Medaillon mit
den strahlenförmigen Umrissen. Es wird oben und unten
von Ausschnitten weiterer
identischer Medaillons begleitet. Die Bordüre zeigt das
Schildkrötenmotiv.

Die Teppiche von Saruk

Die Farben spielten bei der Produktion der Saruks immer eine sehr wichtige Rolle. In diesem Knüpfgebiet verwendete man eine Zeitlang immer noch Naturfarben, auch wenn man sonst fast überall auf synthetische Farben zurückgriff. Typisch für diese Provenienz ist die Verwendung eines bestimmten, sehr intensiven Lachsrosatones mit blauem Schimmer. Diese Farbe wurde Dughi genannt, weil bei der Färbung Joghurt (persisch »dugh«) eine Rolle spielte. Als Grundfarbe wurde Rot verwendet, das man in Persien – und nicht nur hier – normalerweise aus der Krappwurzel gewann. Diese Pflanze wächst fast überall wild oder wurde eigens angebaut. Die Wurzel wurde getrocknet und pulverisiert und dann in Wasser gelöst. Anschließend fügte man Joghurt (»dugh«) oder Buttermilch hinzu, jedenfalls einen Stoff, der Milchsäure enthält. Diese leichte Säure färbt Fasern gelb und verleiht ihnen Glanz sowie Farbstabilität. Nun wurde die Wolle für einige Stunden lang in das Färbebad eingelegt und dann wieder gut ausgespült. Nach dem Trocknen ergab sich der typische Rosaton. Diesen Farbton liebten gegen Ende des vorigen Jahrhunderts vor allem die Amerikaner. Deswegen knüpfte man um die Jahrhundertwende zahlreiche für den Export bestimmte Stücke, die sogar »amerikanische Saruks« genannt wurden. Um diese Stücke dem westlichen Geschmack stärker anzupassen, verwendeten die Knüpfer auf dem rosafarbenen Fond nicht die für das Gebiet typischen geometrischen Muster, sondern naturalistische, im kurvilinearen Stil dargestellte Blumenmotive wie Sträuße oder Blütenranken. Sie besetzten das ganze Feld oder bildeten ein zentrales Medaillon.

Gebetsteppich aus Saruk. Ende
19. Jh. Auch bei den Gebetsteppichen verwendeten die
Knüpfer von Saruk zur Darstellung der Bäume und Blüten
lineare, starre Formen, die aber
dennoch faszinierend wirken.

erstarrt, entfalten aber gleichzeitig eine besondere Wirkung. Dieser höchst originelle lineare Charakter wird allerdings in den letzten Jahren des 19. Jahrhunderts immer kurvilinearer und naturalistischer. Am häufigsten sind Teppiche mit einem zentralen Medaillon, das einerseits sehr groß und sechseckig, andererseits kleiner, rundlich oder eher rautenförmig ausfallen kann und mit Anhängern und Zwickeln versehen ist. Es gibt auch Gebetsteppiche und Teppiche mit floralen Elementen im gesamten Feld. Die Bordüren sind normalerweise mit stilisierten Herati-Motiven geschmückt, wobei oft eine Umwandlung in die Schildkrötenform erfolgt. Die Farben erscheinen im allgemeinen sehr angenehm und fanden auf dem westlichen Markt viel Beifall. Der Hintergrund des Feldes ist im allgemeinen elfenbeinfarben, beige, rot oder blau gefärbt. Bei den Schmuckmotiven überwiegen die Farben Gelb, Hellblau, Braun oder ein typischer Rosaton, der auch Dughi genannt wird.

Serabend. Teppiche dieser Herkunft, die nur selten mit dem symmetrischen Knoten geknüpft wurden, erkennt man leicht an ihrem besonderen Muster. Bevorzugt werden nämlich winzige Botehs, die reihenweise das gesamte Feld bedecken. Ihre Spitzen blicken alle in dieselbe Richtung oder sind reihenweise um 180 Grad gedreht. Die Umrisse der Botehs sind entweder geradlinig und kontinuierlich ausgeführt oder erscheinen diskontinuierlich und werden dann von winzigen nebeneinanderstehenden Blüten gebildet. Für die Teppiche von Serabend ist auch die Musterung der Hauptbordüre typisch. Sie besteht nämlich aus einer charakteristischen Ranke aus gezahnten Blättern, in denen sich noch einmal Botehs und weitere florale Elemente befinden. Der Fond des Mittelfeldes ist immer rot, während die Botehs und die anderen Muster vorzugsweise in Weiß, Blau, Schwarz und Gelb ausgeführt sind.

PERSIEN

Links: Ganzflächig mit Botehs gemusterter Serabend. 19. Jh. Die Serabends sind am typischen roten Fond und den winzigen, in eng übereinanderliegenden Reihen angeordneten Botehs zu erkennen.

Rechts: Lori mit geometrischer Musterung. Anfang 20. Jh. Die gitterartige Anlage und die Verwendung von Blau und Rot sind seit Beginn unseres Jahrhunderts typisch für diese Nomadenproduktion.

Südwestpersien

Zentralpersien

Lori. Diese schwierig zu umreißende nomadische oder halbnomadische Produktion zeigt eine große Vielfalt. Es wurde der symmetrische wie der asymmetrische Knoten verwendet. Viele Stücke zeigen einen gitterartigen Aufbau mit stilisierten pflanzlichen Motiven oder weisen winzige geometrische Motive auf, die reihenweise über das ganze Feld angeordnet sind. Die Farben sind anfänglich ziemlich hell und lebhaft und werden vom Anfang unseres Jahrhunderts an dunkel, wobei Rot und Blau dominieren.

Bachtiari. Die Teppiche dieser nomadischen oder halbnomadischen Stämme werden mit dem symmetrischen Knoten geknüpft und weisen vor allem das sogenannte Bachtiari-Motiv auf: Das Feld ist regelmäßig in Vierecke, Achtecke oder Rauten unterteilt, die stilisierte pflanzliche Motive wie Bäume, Sträucher und blühende Zweige enthalten. Die am meisten verwendeten Farben sind Blau, Rot, Gelb und Grün.

Weramin. Dieses Knüpfzentrum ist erst im 19. Jahrhundert entstanden und verfügt deswegen über keine lange Werkstättentradition, wohl aber über ein besonderes Muster. Das ganze Feld wird von Minah-khaneh-Motiven bedeckt, deren Ursprung weiterhin im Dunkeln liegt. Die Knüpfung erfolgte mit dem asymmetrischen Knoten. In der Bordüre begegnen wir im allgemeinen dem Herati-Motiv, das oft stilisiert auftritt und in das Schildkrötenmotiv umgewandelt wurde. Die Farben entsprechen in der Regel der Tradition: Blau wird vorwiegend für den Fond des Mittelfeldes verwendet, während Weiß, Rot, Gelb und Hellblau oftmals die Grundfarben für das florale Muster darstellen.

Kaschan. Die Stadt Kaschan ist ein altes Zentrum der Safavidenproduktion und gehört heute noch zu den bekanntesten und am meisten geschätzten Provenienzen. Die Teppiche werden mit asymmetrischen Knoten sehr dicht geknüpft und zeichnen sich dadurch aus, daß mindestens ein Schußfaden hellblau gefärbt ist. Die neueren Stücke verwenden die klassische Musterung mit zentralem Medaillon. Dieses zeigt unterschiedliche Formen, oft mit vielen Ausbuchtungen, und hat als Schmuck Anhänger sowie Teile weiterer Medaillons in den Zwickeln. Der Fond, auf dem das Medaillon ruht, ist dicht mit Arabesken, Palmetten, Blättern und anderen pflanzlichen Elementen übersät, wobei oft noch kleine Vögel und weitere Tiere hinzukommen. Diese Motive lassen die Teppiche weich und fließend erscheinen. Weniger häufig ist im Feld ein unendlicher Rapport mit floralen und zoomorphen Motiven. Unter den kleinformatigen Stücken treten die Gebetsteppiche hervor, die einen hellen Fond und zur Belebung Lebensbäume, Vasen mit Blütensträußen und Tiere aufweisen. Gegen Ende des 19. Jahrhunderts erscheinen figürliche Szenen, die vor allem alten persischen Legenden ent-

PERSIEN

Oben: Medaillonteppich aus
Kaschan. 19. Jh. Die Kaschans
erkennt man an ihrem weich

fließenden, kurvilinearen Stil
und dem außerordentlich fein
gemusterten Mittelfeld.

Unten: Kaschan mit ganzflächig verwendetem Zil-i-sultan-Motiv. 19. Jh. Obwohl die

meisten Kaschans zu den
Medaillonteppichen gehören,
weisen sie doch oft im gesamten Feld eine florale oder
zoomorphe Musterung auf, die
allerdings immer sehr komplex
ausfällt.

nommen wurden. In denselben
Jahren erscheint auch der
berühmte Waq-waq-Baum als
Motiv wieder. Er wird jedoch
als feldfüllendes Geflecht von
Zweigen dargestellt, die am
Ende wie üblich realistische
oder monströse Tier- oder
Menschenköpfe tragen. Der
kurvilineare Stil dieser Produktion ist im allgemeinen besonders fließend, auch wenn er
bei einigen Exemplaren, die älter sind als andere naturalistische Stücke, etwas steifer und
stilisierter ausfällt. Die Bordüren zeigen sehr vielfältige
florale Muster, die sich stets an
safavidischen Vorlagen inspirieren, zum Beispiel Rankenornamente, Blüten und Palmetten. Die Farben sind lebhaft
und sehen normalerweise einen Kontrast zwischen dem
helleren, leuchtenden Feld und
der dunkleren, im allgemeinen
dunkelblauen Hauptbordüre
vor. Der Fond des Mittelfeldes
ist fast stets rot oder elfenbeinfarben; die Muster erscheinen
in Pastellfarben. Gegen Ende
des 19. Jahrhunderts verfla-
chen diese Farbkontraste nach
und nach, und diese Entwicklung beginnt bei der Bordüre,
die nun zunehmend grau, beige, elfenbeinfarben oder rosa
gefärbt wird.

Dschoschaghan. Auch hier
handelt es sich um ein altes
safavidisches Knüpfzentrum.
Ihm wird die Entwicklung des
Vasenteppichs zugeschrieben,
was allerdings sehr umstritten
ist. Die Dschoschaghanteppi-
che werden mit dem asymmetrischen Knoten geknüpft, sind
vom 18. Jahrhundert an datier-

Medaillonteppich aus Dschoschaghan. Dieses moderne Exemplar wiederholt die typischen Muster dieser Produktion (siehe auch schematische Zeichnung). Sie bestehen aus rautenförmig angeordneten floralen Elementen, so daß der Teppich aussieht, als sei er von einem Gitternetz überzogen.

bar und zeigen vor allem zwei Mustertypen, die beide durch Stilisierung des safavidischen Vasenmusters entstanden sind. Beim ersten Typus entspringen kleine Blüten einem gitterförmigen Netz aus Blütenstielen; diese Anordnung wird immer stärker stilisiert, bis sie in der zweiten Hälfte des 19. Jahrhunderts völlig verschwindet und nur noch in Rauten angeordnete Blüten daran erinnern. Beim zweiten Typus besteht das Gitternetz aus den länglichen stilisierten Blättern eines der unzähligen Herati-Motive. Als weiterer Schmuck treten in der Regel auch hier kleine Blüten auf. In den Bordüren stehen stilisierte florale Elemente, wobei der Hintergrund üblicherweise dunkelrot gefärbt ist. Die zahlreichen Schmuckelemente sind hingegen blau, hellblau, weiß oder gelb gehalten.

wendet man im allgemeinen den Namen des ganzen Gebietes als Ursprungsbezeichnung. Die Teppiche werden in der Regel mit dem asymmetrischen Knoten geknüpft und zeigen ein zentrales rautenförmiges Medaillon oder mehrere übereinanderliegende, ebenso geformte Medaillons. Jedenfalls ist das restliche Feld von kleinen geometrischen Motiven (Vielecken, achtstrahligen Sternen) oder hochstilisierten Tieren übersät, zum Beispiel

Südpersien

Gebiet von Fars. Die Teppiche aus diesem umfangreichen Gebiet heißen im Handel auch Schiras und sind damit nach dem bedeutendsten Umschlagplatz benannt. In Wirklichkeit werden sie von zwei großen Nomadenstämmen geknüpft, nämlich den Gaschgai oder Kaschkai und den Khamseh. Da sie aber sehr ähnliche stilistische Merkmale aufweisen, kann man die einen oft nicht mit Sicherheit von den anderen unterscheiden (zumindest was die Produktion des 19. Jahrhunderts angeht), und so ver-

PERSIEN

Das Morghi-Motiv

Das Morghi-Motiv ist typisch nomadischen Ursprungs, weil es ein Haustier in streng geometrischem Stil wiedergibt. Die Bezeichnung »Morghi« bedeutet »Hühner«. Tatsächlich sind kleine bunte Hühner im Profil dargestellt. Dieses Motiv ist charakteristisch für die Nomadenproduktion Südpersiens und besonders für das Gebiet von Fars und die Stämme der Afscharen. In manchen Teppichen treten die stilisierten Hühner in winziger Form, aber reihenweise im ganzen Mittelfeld auf und umgeben zwei oder drei rautenförmige Medaillons; sie finden sich auch in deren Innerem. Besonders bei den Teppichen aus Khamseh findet sich das Morghi-Motiv auch innerhalb der Medaillons: Es treten dann nur vier etwas größer dargestellte Hühner in zwei übereinanderliegenden Paaren auf, wobei sie spiegelbildlich zur Längsachse des Teppichs angeordnet sind. Woher dieses einzigartige Motiv stammt, steht noch nicht fest. Für einige Teppichforscher geht es auf die Afscharen zurück, andere schreiben es dem arabischen Stamm der Khamseh zu. Leider verfügen wir noch nicht über eine ausreichende Dokumentation, um diese Frage sicher beantworten zu können.

dem Morghi-Motiv, das auch in der Produktion der nomadischen Afscharen auftritt. Einflüsse der safavidischen Knüpfkunst äußern sich in ausgefeilten Medaillons und stärker zusammengesetzten Schmuckmotiven, zum Beispiel Arabesken und Blütenranken, die in den geometrischen Stil übersetzt wurden. An den Querseiten finden wir außerhalb der normalen Borten und Bordüren oft zusätzliche charakteristische schmale Borten mit bunten Rechtecken. Die Teppiche der Gaschgai zeigen als sehr oberflächliches Unterscheidungsmerkmal im allgemeinen eine stärker kurvilineare Tendenz und eine deutliche Vorliebe für dunkle Farben, während die Khamseh heller und linearer ausfallen. Charakteristisch für das ganze Knüpfgebiet ist das häufige Auftreten des Löwen im Muster, allerdings in ziemlich naiven und stilisierten Formen. Dieses Tier bewohnte einst das Gebiet und dient auch in unseren Tagen noch als Symbol der Kraft und der Herrschaft.

Afscharen. Mit dem Namen des größten Volksstammes im Gebiet bezeichnet man im allgemeinen die Nomaden- oder Halbnomadenproduktion im Gebiet südlich von Kirman. Die Teppiche werden mit dem symmetrischen oder asymmetrischen Knoten geknüpft und zeigen sehr vielfältige Muster: Die einen folgen in dieser Beziehung nämlich der Stammestradition, während andere von den Schmuckmotiven der nahegelegenen städtischen Werk-

stätten beeinflußt sind. So sehen wir ein einzelnes kreuzförmiges Medaillon oder übereinanderliegende rautenförmige Medaillons auf einem Feld, das mit kleinen floralen Elementen oder stilisierten Tieren übersät ist. Diese Anordnungen stehen neben Motiven, die der Stammestradition fremd sind und die sich reihenweise auf dem Feld wiederholen, zum Beispiel kleine florale Medaillons, Kharschang-Motive und vor allem Botehs – diese oft in der Version »Mutter-und-Tochter«, wobei ein kleineres Boteh von einem größeren umschlossen wird. Charakteristisch für die nomadische Produktion ist das Morghi-Motiv,

das die Afscharen mit dem Gebiet von Fars gemeinsam haben. Es sind darauf kleine stilisierte Hühner dargestellt, die im allgemeinen in enge Reihen und um das zentrale rautenförmige Medaillon oder um mehrere übereinanderliegende Medaillons gesetzt werden. Das Zil-i-sultan-Motiv tritt zuweilen auch ganzflächig auf. Die Bordüren zeigen in der Regel stilisierte oder rankenförmige Rosetten. Die Afscharen lieben den Kontrast zwischen dunklem, im allgemeinen blauem Hintergrund und helleren, leuchtenden Mustern vor allem in den Farben Rot, Weiß, Gelb und Grün, ohne jedoch ganz das Schwarz beiseite zu lassen.

Kirman. Dieses berühmte alte Knüpfzentrum aus der Safavidenzeit, wo wahrscheinlich die Vasentechnik und vielleicht auch die Musterung des Vasenteppichs entstand, zählt auch in unseren Tagen noch zu den gesuchtesten Provenienzen. Ganz besonders wertvoll sind die Exemplare, die in dem Dorf Kirman Ravar entstanden. Sie sind allerdings nur sehr schwer eindeutig zu bestimmen. Die Kirmanteppiche sind anhand ihrer Technik und ihres Stils leicht zu unterscheiden. Es wird der asymmetrische Knoten verwendet. Kirmans weisen für jede Knotenreihe drei Schüsse auf, von denen der mittlere bei älteren

Links: Medaillonteppich aus Kirman Ravar. 19. Jh.

Rechts: Gebetsteppich aus Kirman. 19. Jh. Die Gebetsteppiche aus Kirman zeichnen sich nicht nur durch die Darstel-

lung realistischer Blüten und Tiere aus, sondern vor allem auch durch die Umwandlung des Lebensbaumes in lange lineare Pflanzen, die insgesamt eine kontinuierliche florale Arabeske bilden.

Die Kirman Ravar

Als Kirman Ravar, oft verfälscht in Kirman Lavar oder Kirman Laver, bezeichnen die Händler die besten, wertvollsten und somit raffiniertesten Kirmans. Das Dorf Ravar liegt im Nordosten von Kirman und rühmt sich einer alten Knüpftradition. Was antike Stücke angeht, können wir aber die stilistischen Merkmale dieser Provenienz nicht mit Sicherheit angeben, weil die Teppiche seit jeher mit denen des viel berühmteren Zentrums in einen Topf geworfen wurden. Die einzigen, allerdings wenig bedeutsamen Unterschiede liegen möglicherweise in der höhe- *ren Schur und im weniger stark ausgeprägten kurvilinearen Charakter. Wie dem auch sei, die Bezeichnung Kirman Ravar bezieht sich jedenfalls nicht auf eine eigene Produktion und damit einen eigenen Stil, sondern wird von europäischen Teppichhändlern lediglich für die raffiniertesten Stücke verwendet, die in der Stadt Kirman oder in ihrer näheren Umgebung geknüpft wurden.*

Stücken rosa, bei späteren Stücken hellblau gefärbt ist. In stilistischer Hinsicht sind diese Teppiche durch ihr extrem ausgefeiltes und kurvilineares Design gekennzeichnet. In den Stücken vom Ende des 19. Jahrhunderts sind die Ranken- und Arabeskenornamente kaum mehr zu überbieten. Im Gegensatz zur Produktion von Kaschan gibt es jedoch eine große Zahl unterschiedlicher Feldaufteilungen; die einen folgen der safavidischen Tradition, die anderen hingegen nicht. Es gibt somit zentrale Medaillons mit stark gelappten Umrissen auf einem Feld mit zahlreichen Arabesken und naturalistischen floralen Elementen. Manche Teppiche zeigen

Medaillonteppich aus Kirman. 19. Jh. Die ausgefeilte kurvilineare Musterung, die zahlreichen Bordüren und Borten, die große Vielfalt der Farben, wobei allerdings Elfenbein, Blau und Rot dominieren, sind typische Kennzeichen der Kirmanteppiche.

zahlreiche Bäume, vor allem Zypressen, und zu einem Gitter angeordnete Sträucher auf einem ganz von Botehs oder Blütensträußen angefüllten Feld. Gebetsteppiche weisen realistische Blumensträuße oder Lebensbäume auf. Figürliche Teppiche mit Szenen aus der Jagd oder verschiedenen Erzählungen sind oft negativ vom westlichen Geschmack beeinflußt. Zu Beginn des 20. Jahrhunderts schufen die Knüpfer auch zentrale Medaillons mit naturalistisch dargestellten Rosensträußen, in denen französischer Einfluß deutlich wurde. Ein weiteres, nahezu konstantes Merkmal sind die zahlreichen Einfassungen des Feldes mit fünf oder sieben Borten und Bordüren. Als Schmuck dienen hier Rankenornamente oder kleine Botehs. Die Farben sind sehr vielfältig und erscheinen besonders ausgeglichen, weil sie viele Tonabstufungen zeigen. Im allgemeinen dominieren auf dem Mittelfeld verschiedene Rottöne, Beige, Blau oder Elfenbein, bei der Musterung Hellblau, Rosa und Grün.

Ostpersien

Gebiet von Khorasan. Dieses ausgedehnte Gebiet umfaßte früher auch die Stadt Herat, die in safavidischer Zeit ein wichtiges Knüpfzentrum darstellte. Das Gebiet kann sich somit einer alten Tradition rühmen, und hier entstand wohl auch das weitverbreitete Heratimuster. Die Teppiche werden mit dem asymmetrischen Knoten geknüpft und unterscheiden sich durch eine technische Besonderheit: Alle sechs bis sieben Knotenreihen werden vier oder mehr Schüsse eingefügt, was sich auf der Rückseite des Teppichs in einem rillenartigen Muster zeigt. Die wichtigsten Muster umfassen zentrale

PERSIEN

Links: Medaillonteppich aus Khorasan. 19. Jh. Typisch für diese Produktion sind technische Eigenheiten, das rundliche zentrale Medaillon mit Ausbuchtungen und die Botehborte.

Rechts: Medaillonteppich aus Mesched. Ende 19. Jh. Kennzeichnend sind das rundliche Medaillon und die einzelnen Anhänger auf hellem Grund in den vier Zwickeln des Feldes.

oder konzentrische Medaillons oder die ganzflächige Verwendung des Herati-Motivs sowie kleiner floraler Motive. Die Hauptbordüre zeigt üblicherweise Herati-Motive, Botehs oder Kartuschen. Bei den Farben für das Feld überwiegen Gelb, Blau oder Rot, bei den Musterungen in der Regel Gelb, Grün, Hellblau und Weiß. **Mesched.** Diesem Zentrum werden im Handel die besten Teppiche des Khorasangebietes zugeschrieben, wobei man nicht vergessen darf, daß es hier schon vor langer Zeit Manufakturen gab. Mescheds gibt es seit dem Ende des 19. Jahrhunderts; sie sind mit dem asymmetrischen Knoten geknüpft. Die häufigste Raumaufteilung sieht rundliche oder längliche Medaillons mit Anhängern und floralen Elementen als Schmuck vor. Das Feld selbst ist mit Herati-Motiven,

Blumen oder naturalistisch dargestellten Palmetten geschmückt. Sehr oft erscheinen auch Spiralranken und ausgeklügelte Arabesken. Die Viertel des Feldes sind gekennzeichnet durch einzelne Anhänger auf hellem Feld (Weiß oder Elfenbein), durch Fünfeck- oder Mandelform. Bisweilen besteht über Rankenornamente oder Arabesken eine Verbindung zum zentralen Medaillon. In der Hauptbordüre treten das Herati-Motiv oder verschlungene Blütenstiele auf. Die Farbgebung ist im allgemeinen wie im restlichen Khorasangebiet, also überwiegend Gelb, Blau und Rot für das Feld und Gelb, Grün und Hellblau für die Musterungen, doch dazu kommt eine besondere Vorliebe für weiße bis elfenbeinfarbene Töne. In einigen Stücken wird der Dschufti-Knoten verwendet, der auch

tatsächlich aus dieser Gegend stammt. **Beludsch.** Die Teppiche, die im Grenzgebiet zu Afghanistan geknüpft werden, sind nach den dortigen nomadischen und halbnomadischen Stämmen benannt. Die Beludschteppiche werden nur in Ausnahmefällen mit dem symmetrischen Knoten geknüpft und unterscheiden sich durch ihre besondere Weichheit und vor allem durch ihre charakteristischen Farben. Es werden nämlich nur wenige, eher dunkle Farben verwendet, vor allem verschiedene Rottöne, Braun und Blau als Fond, Weiß, Hellgrün und Gelb in den Mustern. Typisch auch die Verwendung eines dunklen Auberginetones. Wegen seiner düsteren Farbgebung war der Beludsch im Westen lange Zeit nicht besonders beliebt. Heute findet er aber endlich Anklang, wobei

Gebetsteppich der Beludsch. Ende 19. Jh. Die Gebetsteppiche der Beludsch erkennt man leicht am Mihrab mit dem viereckigen Giebel, dem stilisierten Lebensbaum im Inneren (siehe Zeichnung) und an den eher düsteren Farben in den Tönen Kamelhaar, Blau, Schwarz und Rot.

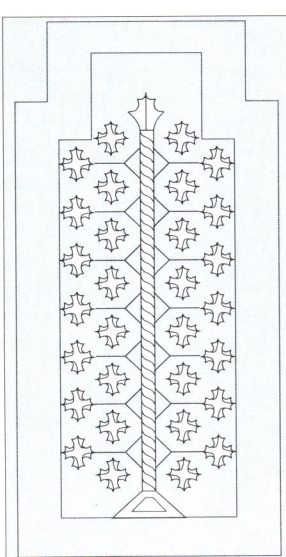

gerade diese typische, genuine Eigenschaft hervorgehoben wird. Die Musterung erstreckt sich meistens über das ganze Feld. Die Beludsch sind natürlich von den Schmuckmotiven der umgebenden Gebiete beeinflußt, so daß wir zum Beispiel Reihen von polygonalen oder rautenförmigen Güls turkmenischen Typs mit oder ohne Haken begegnen. Es treten auch Muster auf, die der städtischen Knüpftradition Persiens angehören, zum Beispiel das Herati und das Minah khaneh, beide natürlich in die geometrische Formensprache übersetzt. Besonders zu nennen sind die Gebetsteppiche mit ihren langen starren Mihrabs und dem rechteckigen Giebel. Auf kamelhaarfarbenem Grund zeigen sie im Inneren meistens zweifarbige Lebensbäume. Diese setzen sich aus einem geradlinigen Stamm mit rechtwinklig davon abzweigenden Ästen zusammen, an denen stilisierte Blätter oder Blüten sitzen. Es existieren auch Gebetsteppiche, bei denen die Gebetsnische mit Tieren wie etwa Kamelen umgeben ist. Bei diesen Stücken, die noch heute angefertigt werden, tritt der ursprüngliche Charakter der Teppiche dieser Provenienz besonders deutlich zutage. Die Hauptbordüre ist normalerweise mit geometrischen, unterschiedlich geformten Elementen geschmückt.

PERSIEN

■ Antike Produktion

■ Spätere Produktion

 KASCHAN (?)

Medaillon-
teppich,
Ardebil-Teppich.
1539/40.
Typisch: Kar-
tuschenbordü-
re und zentra-
les Medaillon.

 TÄBRIŞ

Jagdteppich.
1522/23.
Typisch:
Bordüre und
Jagdszenen.

 TÄBRIS

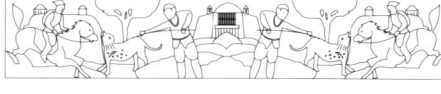

Figuren-
teppich. 19. Jh.
Typisch:
Bordüre und
dominierende
menschliche
Figuren.

 HERIS

Medaillontep-
pich. 19. Jh.
Typisch: Geo-
metrische
Herati-Bordüre
und sternförmi
ges Medaillon.

HERAT (?)

Teppich mit Palmetten. 16. bis 17. Jh. Typisch: Herati-Bordüre und Palmetten.

KIRMAN (?)

Gartenteppich. 17. bis 18. Jh. Typisch: Bordüre und geometrische Raumaufteilung.

SENNEH

Ganzflächig mit Botehs gemusterter Teppich. Ende 19. Jh. Typisch: Bordüre und Botehs in unendlichem Rapport.

SARUK

Medaillonteppich. 19. Jh. Typisch: Bordüre und Medaillon in geometrischer Form.

PERSIEN

Antike Produktion

Spätere Produktion

LORI

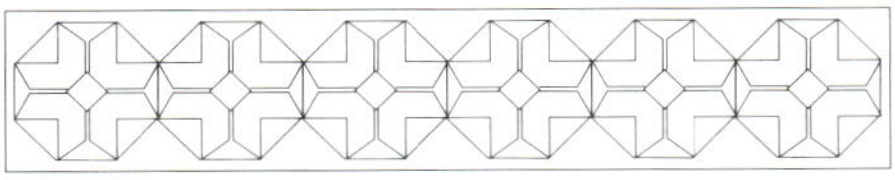

Teppich mit geometrischer Musterung. Anfang 20. Jh. Typisch: Bordüre mit Rosetten und geometrische Medaillons.

BACHTIARI

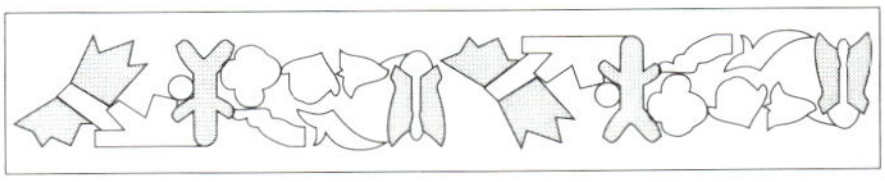

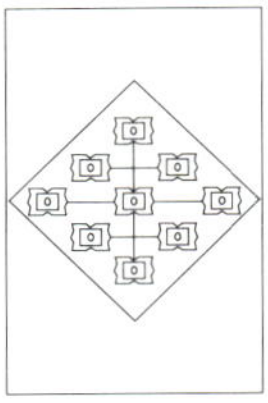

Medaillonteppich. Ende 19. Jh. Typisch Bordüre und Medaillon mit stilisierten Blüten.

WERAMIN

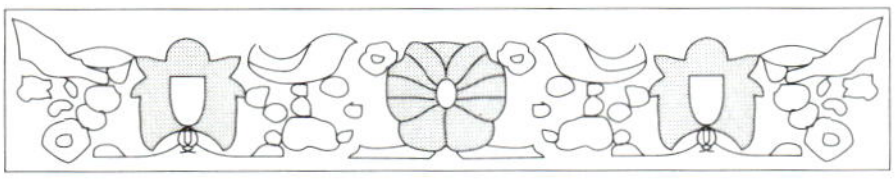

Teppich mit ganzflächigem Minah-khaneh-Motiv. Anfang 20. Jh. Typisch: Bordüre und volldessiniertes Feld.

KASCHAN

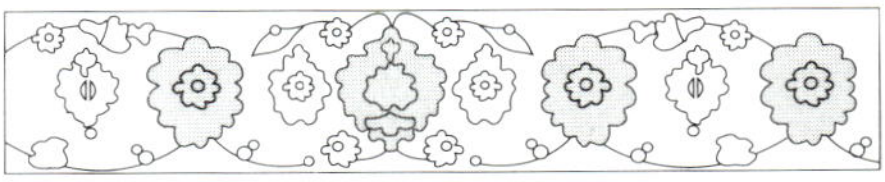

Medaillonteppich. 19. Jh. Typisch: Herati-Bordüre und kurvilineares Medaillon.

GASCHGAI

Teppich mit
Botehs auf dem
gesamten Feld.
Ende 19. Jh.
Typisch:
Bordüre und
Form des
Botehs.

KIRMAN

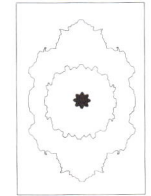

Medaillontep-
pich. 19. Jh.
Typisch:
Herati-
Bordüre und
kurvilineares
Medaillon.

MESCHED

Medaillontep-
pich. Ende
19. Jh. Typisch:
Bordüre und
Motiv in den
Ecken des
Feldes.

BELUDSCH

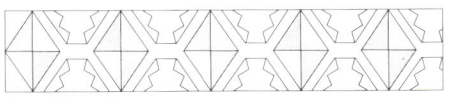

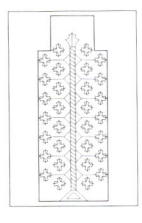

Gebetsteppich.
19. Jh. Typisch:
Geometrische
Form der Bor-
düre und des
Giebels.

KAUKASUS

◆ Die kaukasischen Teppiche unterscheiden sich durch ihre ausgeprägt geometrische Musterung, ihre starke Neigung zur Abstraktion und durch die Verwendung weniger, aber besonders lebhafter und kontrastierender Farben. Ihre Musterung beruht auf der elementaren Zusammenstellung großer und kleiner Polygone aller Formen, die allerdings nicht zu komplex ausfallen, zum Beispiel von Achtecken, Sechsecken, Rauten und so weiter. Dazwischen treten gelegentlich pflanzliche Formen, Tierfiguren oder sogar menschliche Gestalten in stets sehr stilisierter Form auf. Die Farben werden großflächig eingesetzt, wirken unmittelbar auf den Betrachter und lassen eine Vorliebe für den Kontrast zwischen kalten Farbtönen und klarem Rot erkennen.

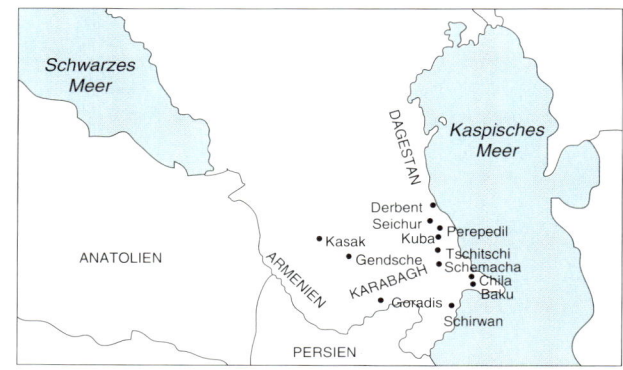

In den Mustern erkennen wir oft den Einfluß von Motiven aus Turkestan, Persien und vor allem Anatolien. Gerade im allgemeinen Ausdruck finden wir oft eine starke Übereinstimmung zwischen kaukasischen und anatolischen Stücken. Die Kaukasier unterscheiden sich jedoch durch ihren entschieden archaischeren Stil, der einfacher und lebhafter wirkt und ohne Zweifel stärker zur Abstraktion neigt. Es wird nur mit dem symmetrischen Knoten geknüpft und dabei eine mittlere Knüpfdichte erreicht. Sowohl das Grundgewebe als auch der Flor bestehen aus Wolle. Die Schur erfolgt mittelhoch bis hoch. Die Teppiche

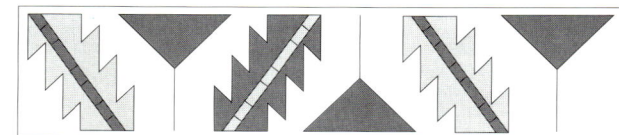

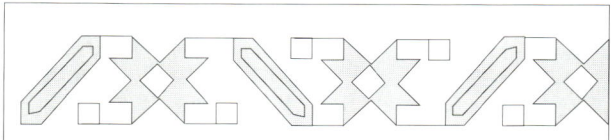

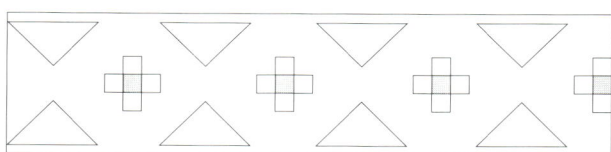

sind im allgemeinen schmal, länglich und klein bis mittelgroß. Eine Ausnahme bildet die antike Produktion, die auch größere, vor allem aber längere Teppiche schuf. Am häufigsten ist die Musteranordnung mit zwei oder drei übereinanderliegenden Medaillons mit weiteren sekundären Schmuck-

Im Kaukasus findet man nur den geometrischen Knoten.

Gegenüber: Karte des Kaukasusgebietes mit den wichtigsten Knüpfzentren. Darunter: Kaukasische Bordüren, v.o.n.u.: Sägezahn- oder Eichenblattmotiv, Laufender Hund, geometrische Ranke, Polygone.

Oben: Ausschnitt aus einem Tschitschi mit kleinen, über das ganze Feld verstreuten Medaillons. 19. Jh.

Unten: Schirwan mit übereinanderliegenden Medaillons. Anfang 19. Jh. Beim kaukasischen Stil sind zwei Tendenzen zu beobachten: einerseits eine Verdichtung, andererseits eine Verringerung der Motive.

elementen und die Anordnung eines kleinen geometrischen, abstrakten oder stilisierten Motivs in unendlichem Rapport über das ganze Mittelfeld. Eine Besonderheit in dieser Beziehung bilden einige Talisch mit einem einfarbigen, völlig ungemusterten Innenfeld.

Die antike Produktion

Die kaukasischen Völker erlernten die Knüpftechnik sehr wahrscheinlich im 11. Jahrhundert von den seldschukischen Invasoren. Von den Teppichen jener Zeit sind keine Fragmente und auch keine Darstellungen auf europäischen Gemälden erhalten geblieben. Die ältesten kaukasischen Stücke gehen ins 16. bis 17. Jahrhundert zurück und gehören bereits einer späteren künstlerischen Phase an, die von dem sich ausbreitenden floralen persischen Stil beeinflußt war. Diese Periode dauerte bis zum Beginn des 19. Jahrhunderts. Dabei entstanden zwei komplexe Teppichtypen. Sie wurden in beträchtlicher Größe in spezialisierten Manufakturen für reiche Auftraggeber hergestellt.

Die Drachenteppiche

Wie schon der Name verrät, sind im Feld der Drachenteppiche diese legendären Tiere in regelmäßiger Abfolge und mehr oder minder stark stilisierter Form vorhanden. Die Drachenteppiche zeigen einen

gitterartigen Aufbau, dessen Grundstruktur von länglichen, schmalen, stilisierten, zweifarbigen Blättern gebildet wird. Sie grenzen große rhombenförmige Felder ab. Im Inneren dieser Felder befinden sich die stilisierten s-förmigen Drachen sowie weitere Fabeltiere wie der Phönix und der Dschilin, halb Drache und halb Hirsch. Manche Figuren sind bis zur Unkenntlichkeit stilisiert. Wo die Blätter, die das

KAUKASUS

Drachenteppich. Südkaukasus, 17. Jh. Im Inneren der beiden oberen und der beiden unteren Rauten erkennen wir die stilisierten Drachen. Auf diesem Stück sehen wir auch einen noch stärker stilisierten Drachen, wie er für die Teppiche vom Ende des 18. Jh. typisch ist.

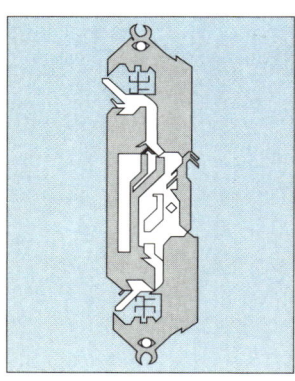

Mustergerüst bilden, zusammentreffen, und bisweilen auch im Inneren weiterer rautenförmiger Felder, die keine Tierdarstellungen aufweisen, sind Palmetten und weitere, stets streng geometrisierte Blüten angebracht. Es sind im allgemeinen drei Bordüren oder Borten ausgebildet: Eine schmale, unterschiedlich gemusterte Hauptbordüre mit zwei kleinen Borten; ihre Schmuckmotive sind geometrischer Natur oder gehen auf naturalistische persische Muster zurück, zum Beispiel auf Ranken mit Blättern und Palmetten, auf Rosetten und kleine Medaillons, auf liegende s-förmige Muster und gezahnte Blätter. Die Farben des Fonds sind im allgemeinen Rot, Schwarz oder Blau, während die Drachen und die übrigen Schmuckelemente in Elfenbein, Gelb oder Grün gehalten sind. Die Provenienz dieser Stücke ist wie auch ihre Datierung ziemlich umstritten. Früher schrieb man sie eher Armenien (deswegen auch die Bezeichnung »armenische« Teppiche) oder der Umgebung

Ausschnitt aus einem Blütenteppich. Südkaukasus, Anfang
18. Jh. In der Musterung erkennen wir das Afschan-Motiv
mit der typischen Blattgabel.

von Kuba zu, während man heute eher zum Gebiet von Karabagh im südlichen Teil des Kaukasus neigt, wo auch später sehr viele Teppichtypen entstanden.

Die Blütenteppiche

Unter persischem Einfluß entwickelte sich ein zweiter Teppichtypus, nämlich die Blütenteppiche. Sie weisen eine große Mustervielfalt auf, lassen sich aber alle auf drei grundlegende Kompositionen zurückführen. Die älteste Komposition zeigt dasselbe Gittermuster wie die Drachenteppiche, ersetzt dabei aber diese mythischen Tiere durch stilisierte Palmetten und kreuzförmige, unterschiedlich ausgebildete kleine Medaillons. Die zweite Komposition, die sich wahrscheinlich vom 18. Jahrhundert an ausbildete, ist durch eine Stilisierung und eine Vergrößerung der bisherigen Zeichnung gekennzeichnet. Das Gittermuster verschwindet, und die Medaillons vergrößern sich und nehmen eine typische Strahlenform an. Sie weisen einen hellen Fond auf und wechseln mit großen, stark stilisierten floralen Elementen ab. Diese Medaillons ordnen sich senkrecht in der Längsachse an und imitieren somit die Musteranordnung mit übereinanderliegenden Medaillons. Die dritte Komposition verwendet im ganzen Feld winzige geometrische Motive floralen Ursprungs. Untereinander sind sie durch Stiele und Arabesken verbun-

den. Unter den zahlreichen Mustern erkennen wir Palmetten, die eindeutig auf persische Vorbilder aus Herat oder Isfahan zurückgehen, ferner Afschan-Motive, die längs dreier vertikaler Achsen angeordnet sind oder Kharschang-Motive mit ihrer typischen zoomorphen Palmette. Früher dachte man, die Blütenteppiche seien in der Umgebung von Kuba entwickelt worden, doch heute gibt man als Entstehungsort den Südkaukasus im weiteren Sinne an.

**Das 19. Jahrhundert:
Der neue geometrisch-
abstrakte Stil**

Der Beginn des 19. Jahrhunderts stellte für den kaukasischen Teppich eine entscheidende Zeit dar: Damals wurde seine Entwicklung nämlich durch besondere historische Umstände begünstigt. Die Besetzung durch die Russen zu Beginn des Jahrhunderts bedeutete nämlich das Ende des alten kaukasischen Adels und damit auch das Ende der Produktion großer höfischer Teppiche. Damit schwand der Einfluß der floralen persischen Musterung. Es schlossen die großen spezialisierten Manufakturen, und die viel weniger

KAUKASUS

Oben: Schematische Darstellung eines typischen Medaillons eines Schirwans aus dem 19. Jh. In der Achteckform und im kreuzförmigen Element in der Mitte erkennen wir anatolischen, seldschukischen Einfluß.

Unten: Medaillonkasak. 19. Jh. Einfachheit, Tendenz zur Abstraktion und bunte Farben sind die typischen Merkmale des kaukasischen Stils. Dieses Zeichnungsmuster ist besonders charakteristisch.

reiche Produktion in den kleinen Dörfern erlebte eine Renaissance. Offensichtlich war sie nie in Vergessenheit geraten, auch wenn wir dies heute nicht mit Dokumenten belegen können. Jedenfalls waren die Bedingungen günstig für eine Rückkehr zum wahren geometrisch-abstrakten Stil der kaukasischen Völker. Im neuen, kraftvollen und lebhaften geometrischen Stil verschmolzen Stammestraditionen mit den alten seldschukischen Traditionen. Die Muster wurden großen höfischen Teppichen entnommen, gleichzeitig vergrößert und an Zahl verringert. Es handelte sich also nicht um einen Rückschritt von weiter fortgeschrittenen zu primitiveren Formen, sondern um eine Wiederentdeckung der eigenen Wurzeln und somit um eine Steigerung der expressiven Kraft.

Wir können also mit Fug und Recht behaupten, der wahre kaukasische Teppich sei im

19. Jahrhundert entstanden. Von den übrigen Produktionen unterschied er sich durch seine Einfachheit, Unmittelbarkeit, die stark ausgeprägte Tendenz zur Abstraktion, durch die lebhaften Farben und vor allem durch den allgemein archaischen und dennoch feierlichen Eindruck.

Die kaukasischen Teppiche des 19. Jahrhunderts erkennen wir an ihrer allgemein einfachen Komposition und Musterung; sie beruht auf der Beziehung zwischen primären

Motiven, sekundären Motiven sowie Motiven, die nur zum Auffüllen freier Flächen gedacht sind. Die Raumaufteilung sieht mehrere übereinanderliegende Medaillons oder ein zentrales Medaillon mit vier Medaillons in den Ecken (Anordnung »4+1«) vor. Sehr häufig sind auch Teppiche mit einheitlich gemustertem Feld, mit Motiven im unendlichen Rapport. Als solche kommen kleine geometrische Motive (Afschan, Kharschang, Boteh, Herati und Minah khaneh) oder winzige stilisierte florale Elemente in Frage; sie sind nach bestimmten geometrischen Gegebenheiten in Gitternetzen angeordnet. Es gibt auch Gebetsteppiche, doch sind bei ihnen die Nischen oft nur angedeutet. Die Reduktion geht so weit, daß nur der Giebel in geometrischer Form wiedergegeben ist. Das Innere der Nische wird von kleinen oder mittelgroßen Schmuckmotiven ausgefüllt: die primären und

Gebetsschirwan. 19. Jh. Die kaukasischen Gebetsteppiche erkennen wir am kaum angedeuteten, geometrisch geformten Mihrabgiebel, der in der Musterung des gesamten Feldes fast untergeht.

sekundären Medaillons sind achteckig, sechseckig, rautenförmig oder kreuzförmig, alle mit unterschiedlichen Umrissen, zum Beispiel gestuft, mit Fransen, glatt, mit Haken und so weiter. Die Füllmotive stellen Tiere, Pflanzen und seltener auch stark stilisierte Menschen dar oder bestehen aus achtstrahligen Sternen, liegenden s-förmigen Mustern, kleinen Vielecken und so weiter. Im allgemeinen unterscheiden wir drei Bordüren, eine Hauptbordüre und zwei Nebenbordüren, wobei zwischen ihnen noch schmalere Borten liegen können. All diese Einfassungen tragen strikt geometrische Motive. Die Musterung der Hauptbordüre ist sehr vielfältig und umfaßt vor allem das typische Sägezahnmuster, das wellenförmige Muster des Laufenden Hundes, Ranken mit stilisierten floralen Elementen, eine Art Kufi-Bordüre, das Butterfaßmuster, das sich wohl auf einen Lebensbaum zurückführen läßt, verschiedene Polygone und achtstrahlige Sterne, liegende S-Motive, Quadrate und Rechtecke mit dem ursprünglich turkmenischen Kotschanak-Motiv und so weiter. Die Farben sind ausgesprochen lebhaft und leuchtend. Es werden hauptsächlich kalte oder neutrale Farbtöne verwendet, zum Beispiel Blau, Grün in verschiedenen Tönungen, Elfenbein, Weiß und Schwarz. Sie werden gekonnt im Kontrast zum reichlich verwendeten Rot, Gelb und Orangerot eingesetzt.
Der neue Stil war für das ganze

19. und den Anfang des 20. Jahrhunderts charakteristisch und erreichte hohe Produktionsziffern. Gegen Ende des Jahrhunderts wurden die Kompositionen aufgrund der Marktanforderungen überladen, wobei auch die Motive immer starrer dargestellt wurden und sich die Zahl der Borten erhöhte. Durch den Einfluß des westlichen Geschmacks und die Anforderungen des Marktes entstanden auch Stücke mit naturalistischem Blütendekor nach französischem Vorbild. Bei der Produktion dieser hybriden Stücke taten sich vor allem das Gebiet von Karabagh und die Knüpfzentren im Ostkaukasus hervor.

Die wichtigsten Knüpfgebiete

Die kaukasischen Teppiche, die sich erhalten haben, stammen zum größten Teil aus der Zeit nach der Mitte des vorigen Jahrhunderts. Aufgrund stilistischer und struktureller Ähnlichkeiten wurden sie nach Ursprungsgebieten klassifiziert, wobei hier aber noch viele Ungewißheiten bestehen. Im folgenden wollen wir die wichtigsten Knüpfgebiete mit ihren typischen Mustern behandeln.
Kasak. Der Kasak ist der bekannteste und am meisten geschätzte Orientteppich. Der Handel bezeichnet als Kasaks

KAUKASUS

Kasak mit drei Medaillons. 19. Jh. Typisch für die Kasaks sind die oft hakenbesetzten Medaillons, die freien Farbflächen mit den isolierten, abstrakten Mustern sowie die stark kontrastierenden Farben.

jedoch nicht nur Teppiche, die der Stadt Kasak, sondern einem viel größeren Gebiet mit unbestimmten Grenzen im Südwestkaukasus zuzuschreiben sind. Der Name bezeichnet also im allgemeinen eher eine stilistische Gruppe. Die Kasaks kann man leicht daran erkennen, daß ihre wichtigsten Schmuckmotive nur in geringer Zahl auftreten und dafür auch in ihrer Größenordnung über die sekundären Elemente dominieren. Diese sind zahlreicher vertreten, aber niemals dicht gesetzt und auch nicht zu klein. Typisch sind auch die kräftigen, leuchtenden Farben. Am häufigsten sind Teppiche mit drei übereinanderliegenden Medaillons oder mit einem zentralen, einfachen oder zu-

sammengesetzten Medaillon (Anordnung »4+1«). Es werden auch auf dem ganzen Feld verschiedene mittelgroße bis große Medaillons wiederholt. Die großen geometrischen Medaillons zeigen unterschiedliche Formen, weisen im Inneren aber stets kleinere Schmuckmotive auf. Die häufigsten geometrischen Formen sind beim Kasak Acht- und Sechsecke, Rauten, Swastiken, achtstrahlige Sterne und Rechtecke. Beim Hauptmedaillon findet auch eine merkwürdige Schmetterlings- oder Schildform Verwendung. Wahrscheinlich geht sie auf antike heraldische Motive zurück. Diese Schildkasaks heißen oft auch Sewan-Kasaks. In der Bordüre tritt am häufigsten das

Sägezahn- beziehungsweise Eichenlaubmotiv auf, doch finden wir auch geometrische Ranken, vielfältige Polygone und bunte Kotschanak-Muster. Unter den wenigen verwendeten, aber kontrastierenden Farben dominieren Hell- und Dunkelrot, ein intensives Blau, Weiß und Flaschengrün. Die hochwertigsten Kasaks stammen aus der zweiten Hälfte des vorigen Jahrhunderts.

Schildkasak. 19. Jh. Die Schild-kasaks verdanken ihren Namen dem großen schmetter-lingsartigen, zentralen Medaillon. Nach dem Herstellungsort heißen sie auch Sewan. Das hier abgebildete Bordürenmuster tritt häufig auf und geht auf das turkmenische Kotschanak-Motiv zurück.

Gebiet von Gendsche. Die Teppiche dieses Namens stammen sicher nicht aus der gleichnamigen Stadt oder derer nächsten Umgebung. Die Bezeichnung Gendsche ist vielmehr eine Händlerkonvention für eine stilistisch und strukturell einheitliche Gruppe. Kennzeichen dieser Produktion sind die nicht sehr feine Knüpfung sowie die ausgeprägt bunten Farben, bei denen Weiß, Gelb, Hellrot und Hellblau dominieren. Die Muster sind sehr vielfältig. Einige Gendsche zeigen dieselben Muster wie die Kasaks, unterscheiden sich aber durch die leuchtenderen Farben und die gröbere Ausführung. Typisch für viele Gendsche ist die Wiederholung kleiner oder mittelgroßer identischer Schmuckmotive über das ganze Feld. Mit Vorzug stehen sie in parallelen diagonalen Reihen, die sich auch durch kontrastierende Farben auszeichnen. Verwendet werden stark geometrische Botehs, stilisierte Blüten, achtstrahlige Sterne oder kleine Polygone. Bisweilen stehen die Reihen nicht diagonal, doch die Farben der verschiedenen Motive sind so gewählt, daß sie dennoch die Anordnung in Diagonalreihen suggerieren. Dabei ist eine Vorliebe für Gelb, Blau, Rot und Weiß zu konstatieren. Die Hauptbordüren zeigen hauptsächlich das Eichenlaubmotiv, kleine Achtecke sowie abgestufte Medaillons. Zur weiteren Einfassung dienen im allgemeinen Medachyl-Borten in den Farben Blau-Rot und Grün-Rot.

Gebiet von Karabagh. Es handelt sich hier um ein traditionelles Knüpfgebiet, dem auch die antiken Drachenteppiche zugeschrieben werden. Die Teppiche des 19. Jahrhunderts zeigen eine ausgesprochen große Vielfalt und weisen als gemeinsames Merkmal nur die Verwendung einiger besonderer Farben auf, zum Beispiel eines Rosatones, der zum Violett neigt und aus der Koschenillelaus gewonnen wird, ferner Grün und Gelb in verschiedenen Abstufungen. Wir können mindestens drei Mustergruppen unterscheiden. Die erste umfaßt Teppiche, die in Dörfern oder bei halbnomadischen Gruppen entstanden und durch traditionelle Muster gekennzeichnet sind. Solche Stücke stehen den Kasaks oft so nahe, daß die Händler sie mit diesem Namen belegen. Häufig sind Reihen von hakenbewehrten oder glatten Polygonen, die über das ganze Feld verstreut sind, oder es stehen

143

Links: Ausschnitt aus einem Karabagh mit floraler Musterung. Mitte 19. Jh. Die sogenannten Rosenkarabaghs zeigen eine vom Barock beeinflußte, naturalistische Musterung.

Rechts: Karabagh mit übereinanderliegenden Medaillons. Mitte 19. Jh. Die Karabaghs dieser Art unterscheiden sich durch ihre besonderen Farben, zum Beispiel durch das zum Violett tendierende Rosa.

zwei große Medaillons unterschiedlicher geometrischer Form übereinander.

Typisch für diese Provenienz sind einige besondere Medaillonformen, zum Beispiel des Wolkenbandkasaks oder Chondsoresk (benannt nach dem vermutlichen Herstellungsort). Sie zeigen zwei große Achtecke, die im Inneren von sehr kräftigen hakigen Wolkenbändern geschmückt sind. Zu nennen sind in diesem Zusammenhang auch die Adlerkasaks oder Tschelaberds mit ihrem typischen strahlenförmigen Medaillon auf weißem Hintergrund. Ein

fast konstantes Element der Teppiche von Karabagh ist das Muster der Hauptbordüre, das aus achtstrahligen Sternen besteht. Sie sind abwechselnd rot und blau auf weißem Grund und miteinander durch viele stilisierte Stengel verbunden, die ihrerseits wieder bisweilen achteckige Felder abgrenzen. Darin befinden sich je zwei winzige quadratische Blätter.

Die zweite Mustergruppe umfaßt städtische Stücke mit persischem Einfluß. Im allgemeinen bedecken kleinere Muster wie das Minah khaneh, das Herati und das Boteh, aller-

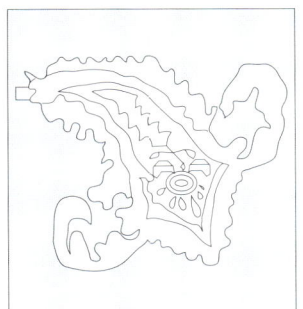

dings in streng geometrischer Form, regelmäßig angeordnet das gesamte Mittelfeld. In diesem Zusammenhang ist das Goradis-Motiv zu nennen, das aus einem stark verlängerten, zugespitzten Boteh hervorgegangen ist. Links und rechts stehen zwei gekrümmte Blätter, die an die Scheren eines Skorpions erinnern.

Auch die dritte Mustergruppe ist städtischen Ursprungs; wir erkennen sie leicht am eindeutigen Einfluß westlicher Motive. Zu Beginn des 19. Jahrhunderts bestellten die neuen russischen Herrscher bei den Handwerkern dieser Gegend Teppiche, die sie auf französische Weise ausschmücken sollten. Anfänglich entwickelte sich ein Stil, der ein gutes Gleichgewicht zwischen fremden Elementen und kaukasischer Auffassung fand. Diese Stücke, die auch Vogel- oder Rosenkarabagh heißen, zeigen zu Girlanden oder Sträußen angeordnete geometrische Blüten, dazwischen stilisierte Vö-

gel und unterschiedlich geformte Polygone. Die Bordüren zeigen im allgemeinen geometrische Motive. Bevorzugt wurden die Farben Rosa und Rot für die Blüten und Dunkelblau oder Schwarz für den Fond. Gegen Ende des Jahrhunderts verloren diese Teppiche unter dem kommerziellen Druck ihren traditionellen Geist und gingen zu realistischen Tier- und Pflanzendarstellungen über. Dafür wurden auch weniger lebhafte Farben mit geringerem Kontrast verwendet.

KAUKASUS

Talisch mit geometrischer Musterung im ganzen Feld. 19. Jh. Charakteristisch für diese Produktion sind das sehr schmale, längliche Format, die geringe Größe des Feldes im Vergleich zu den Borten und Bordüren und die großen bunten Rosetten auf weißem Fond in der Hauptbordüre. Bei manchen Talischs weist das Mittelfeld keinerlei Musterung auf.

Adlerkasaks oder Tschelaberds

Die Adlerkasaks oder Tschelaberds zeichnen sich durch zwei, drei oder bisweilen auch vier übereinanderliegende Medaillons aus, die eine besondere Form zeigen. Es handelt sich um ein kreuzförmiges, von Strahlen umgebenes, blaues oder grünes Polygon mit kräftigen weißen Balken. Im Inneren des Medaillons steht ein kleineres Medaillon mit rotem Fond. Zu diesen strahlenförmigen Medaillons treten kleinere, abstrakte oder stilisierte Muster, die auf dem unverändert roten Fond verstreut liegen. Die Bordüren zeigen meistens das typische Motiv der Teppiche von Karabagh, nämlich blaue und rote achteckige Rosetten, die durch geometrische Blütenstiele untereinander verbunden sind, wobei wiederum achteckige Felder entstehen. Die strahlenförmigen Medaillons der Kasaks gehen auf antike Vorbilder zurück. Mit dem typischen Verfahren, das im 19. Jahrhundert im Kaukasus zur Schaffung eines neuen Teppichs angewendet wurde, wählte man ein einzelnes antikes Motiv, enthob es seinem dekorativen Gesamtzusammenhang und vergrößerte es. Dann wurde es mit anderen Elementen zu einer neuen Zeichnung verbunden. Diese Teppiche, die zu den beliebtesten und teuersten gehören, haben verschiedene Namen. Die deutsche Bezeichnung Adlerkasak erhielten sie wohl, weil die Form des Medaillons an den doppelköpfigen Adler auf Adelswappen erinnert. Die Engländer sprechen von »Sunburstkasaks«, weil sie dabei an eine flammende Sonne denken. Tschelaberd hingegen ist der Name des Dorfes im Karabaghgebiet, in dem diese Teppiche angeblich hergestellt wurden. Doch das steht keinesfalls mit Sicherheit fest. Angesichts der weiten Ausbreitung vieler Muster wurden die Adlerkasaks wohl in mehreren Dörfern im Karabaghgebiet hergestellt.

Gebiet von Talisch. Die Teppiche aus Talisch erkennt man leicht an ihrem sehr schmalen Format und ihrem einzigartigen Aussehen. Das Mittelfeld ist oft völlig leer und ohne Schmuck und weist auch nur eine Farbe auf, im allgemeinen Dunkelblau, seltener Rot. Am Außenrand des Feldes kann allerdings ein nach außen gerichtetes gelbes oder weißes Pfeilspitzenmotiv stehen. Einige Stücke zeigen im Feld verstreut liegende, winzige, geometrische Motive oder stilisierte Tiere. Ein anderer Talischtyp zeigt im Mittelfeld re-

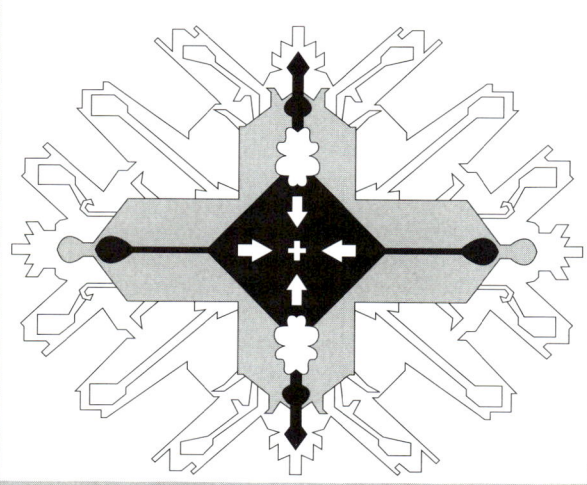

Oben: Ausschnitt aus einem Talisch. Ende 19. Jh.

Unten: Gebetsschirwan. Ende 19. Jh. Typisch die Zeichnung der Bordüre, die in der Grafik wiederholt wird.

gelmäßige Reihen kleiner Botehs, kleiner s-förmiger Motive, achtstrahliger Sterne oder floraler Motive. Die wichtigsten Farben sind Hellblau, Gelb und Grün. Charakteristisch ist auch die breite Hauptbordüre; auf fast immer weißem Untergrund stehen bunte Rosetten, die mit regelmäßig angeordneten, kleinen, geometrischen Elementen abwechseln.

Gebiet von Schirwan. Die zahlreichen Schirwan-Teppiche sind wie fast die gesamte Produktion des Ostkaukasus gekennzeichnet durch eine Verkleinerung und eine Verdichtung der dekorativen Elemente. Sie liegen eingeschlossen in kleinen, farblich abgesetzten Räumen, wodurch ein mosaikartiges Aussehen entsteht. Im Vergleich zu den übrigen kaukasischen Teppichen unterscheiden sich die Schirwans durch ihre dekorative Vielfalt, wobei wir drei Grundtypen unterscheiden können. Beim ersten Typ stehen unterschiedlich geformte, geometrische Medaillons (achteckige, kreuzförmige, sternförmige, rautenförmige und so weiter) übereinander; das restliche Feld wird mit abstrakten oder stilisierten, pflanzlichen oder tierischen Motiven ausgefüllt. Eine typische Raumaufteilung sieht drei bis fünf Sechsecke mit abgestuftem Profil auf einem blauen Mittelfeld vor; an den beiden Kopfseiten des Feldes stehen zwei rotgrundige Paneele mit abstrakten oder stilisierten Schmuckelementen. Der zweite Mustertyp

sieht die regelmäßige Verteilung winziger, geometrisierter, floraler oder persischer Schmuckmotive im ganzen Mittelfeld vor. Verwendet werden zum Beispiel Botehs und das Minah-khaneh-Motiv, die in Reihen oder in einer anderen geometrischen Anordnung

das Feld ausfüllen. Den dritten Typus bilden Gebetsteppiche mit blauem und elfenbeinfarbenem Grund. Sie zeigen endlos wiederholte kleine Schmuckmotive sowie einen rechteckigen oder fünfeckigen Mihrabgiebel. Die Hauptbordüren der Schirwans zeigen im Normalfall das Eichenlaubmotiv, liegende S, Kufi-Motive, Rosetten, Kotschanak-Motive oder ein ganz besonders typisches Muster aus bunten, hakenbesetzten Dreiecken. Im Fond dominieren Blau und Gelb, bei den Mustern hingegen Rot, Hellblau, Grün und Weiß.

Links: Schirwan mit übereinanderliegenden Medaillons. 19. Jh. Charakteristisch sind die sechseckigen, zusammenhängenden Medaillons sowie die rotgrundigen Paneele an den Enden des Feldes.

Rechts: Medaillonteppich aus Chila. 19. Jh. Typisch ist das von Botehs völlig ausgefüllte Feld und die äußerste Borte mit stilisierten Rankenornamenten.

Gebiet um Baku. Die Teppiche dieser Provenienz zeigen meistens vergrößerte Afschan- und Kharschang-Motive, also komplexe Musterungen aus parallel angeordneten Reihen aus Palmetten mit starr gegliederten Umrissen, rautenförmigen, schräg angeordneten Blüten, denen vier geradlinige Stiele entspringen, und schließlich kleinen gezackten Elementen, die einem Zahnrad ähneln. Dadurch werden sie den Teppichen von Kuba sehr ähnlich. Besondere strukturelle Merkmale sowie die Vorliebe für weniger lebhafte Farben, zum Beispiel Elfenbein, Blau und Hellblau in all ihren Tönungen, können jedoch als Unterscheidungsmerkmale dienen. Charakteristisch für dieses Gebiet sind die Chila, benannt nach einem Ort nordwestlich von Baku, der aber mit Sicherheit nicht den Ursprungsort dieser Teppiche darstellt. Die Standardzeichnung sind ganzflächig auf blauem Grund in Reihen angeordnete bunte Botehs. Dazu können ein oder drei zentrale achteckige Me-

Oben: Tschitschi mit kleinen Medaillons im gesamten Mittelfeld. 19. Jh. Typisch auch die Hauptbordüre mit Rosetten und Schrägbalken.

Unten: Medaillonteppich aus Baku. 19. Jh. Charakteristisch sind hier die Farben und das stark stilisierte Afschan-Motiv (Blattgabelteppich).

daillons mit abgestuften Umrissen hinzutreten sowie vier weitere Motive in den Zwickeln des Feldes. Als Schmuck für die Medaillons dienen Blumen, Tiere oder stilisierte menschliche Figuren. Die Hauptbordüren zeigen im allgemeinen Rosetten, kufische Motive, Botehs und oft stilisierte kleine Vögel. Typisch für die Chilas ist auch die Zeichnung der Außensaumborte, die eine elegante geometrische Blütenranke aufweist.

Gebiet von Kuba. Besonders typisch für dieses Gebiet sind vergrößerte zoomorphe Kharschang-Palmetten sowie die winkligen Afschan-Motive, also abwechselnd in parallelen Reihen angeordnete Rosetten- und Palmettenpaare. Den Wipfeln dieser Palmetten entspringen gegabelte, vegetabilische Elemente, die eine winzige Blüte umgeben. Das Afschan-Motiv entstammt derselbe Vorlage aus dem 16. Jahrhundert wie das Kharschang-Motiv, und es breitete sich wie dieses im 18. Jahrhundert zwischen Nordpersien und dem Kaukasus aus. Im 19. Jahrhundert wurde es vor allem im Kaukasus in immer stärker geometrisierten und vergrößerten Formen verwendet. Diese Motive werden in den Teppichen von Kuba mit weiteren floralen oder abstrakten Mustern kombiniert, zum Beispiel kleineren Medaillons und Rosetten. Die Kubas sind den Bakus sehr ähnlich, unterscheiden sich aber durch einige technische Feinheiten, etwa die höhere Schur sowie die entschieden reichere und lebhaftere Farbpalette. Zu diesem geographischen Gebiet zählen einige interessante Teppichtypen. Sie sind nach Dörfern in der Umgebung von Kuba benannt, doch steht keinesfalls fest, daß es sich auch um deren Herkunftsorte handelt. Die Namen dieser Teppiche bezeichnen mit einiger Sicherheit nur bestimmte Stile und Zeichnungen. Die Tschitschi erkennt man an den ungewöhnlichen Zeichnungen im Feld und in der Bordüre. Das Feld ist im allgemeinen dunkelblau, schwarz oder gelb und von verschiedenfarbigen achteckigen Hakenmedaillons übersät.

KAUKASUS

Oben: Schematische Darstellung des Widderhornmotivs, das für die Perepedil-Teppiche typisch ist.

Unten: Medaillonteppich aus Seichur. 19. Jh. Charakteristisch sind die »Andreaskreuze« mit den Schrägbalken, die fein ausgearbeitete Bordüre mit dem Laufenden Hund und die Färbung.

Diese stehen in engen Reihen und wechseln gelegentlich mit geometrischen Blüten ab. In der Hauptbordüre stehen achteckige Rosetten im Wechsel mit Schrägbalken, wobei diese Muster weiß umrandet sind. Die Perepedil-Teppiche zeichnen sich durch das Widderhornmotiv im Feld aus, das möglicherweise tatsächlich aus einem alten heraldischen Emblem hervorgegangen ist. Das Motiv wird weiß umrandet und steht zusammen mit hellen achteckigen Medaillons, Rosetten, geometrisch floralen Elementen und stilisierten Vogelpaaren auf dem blauen Fond des Feldes. Typisch ist auch die weiße Kufi-Bordüre auf blauem oder rotem Grund. Die Seichur weisen mehrere Erkennungsmerkmale auf. Zu-

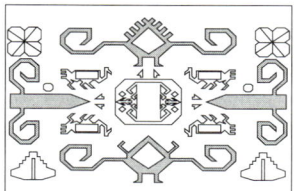

nächst zeigt die Hauptbordüre das wellenförmige Motiv des Laufenden Hundes in einer fein ausgearbeiteten Version mit den Farben Weiß und Blau. An zweiter Stelle ist ein besonderer Farbton zwischen Rosa und Ziegelrot zu nennen; zusammen mit einem kräftigen Rot wird er auf dem Feld wie in der Bordüre verwendet. Das wichtigste Erkennungsmerkmal des Seichur ist aber die Musterung des Feldes: auf dunkelblauem oder flaschengrünem Fond sind längs der

Mittelachse kreuzförmige Medaillons angeordnet, von denen je vier diagonale dicke Balken ausgehen. So entsteht eine Art Andreaskreuz mit schräg gestellten Kreuzbalken. Im Inneren dieses gitterförmigen Musters finden wir kleinere geometrische Motive. Bei einigen Seichur vom Ende des vorigen Jahrhunderts treten im Feld oder in der Hauptbordüre mehr oder minder stilisierte Rosen auf, die französischen Einfluß und damit kommerzielle Absichten verraten. **Gebiet von Dagestan.** Die Teppiche dieses Berggebietes unterscheiden sich vor allem durch die grobe Knüpfung und den hohen Flor. Stilistisch gesehen weisen sie keine besonderen Motive oder Zeichnungen auf. Diese haben sie

nämlich mit Teppichen anderer Provenienzen gemeinsam. Doch unterscheidet sie die besondere Art und Weise, mit der diese Muster realisiert werden. Die Zeichnung beruht insgesamt auf kleinen Schmuckelementen, was ja auch für die übrige Produktion des Ostkaukasus typisch ist. Die Dagestan-Teppiche sind in den Details wenig ausgearbeitet. Unter diese Bezeichnung fallen vor allem Teppiche mit Längs- oder Diagonalreihen auf weißem oder blauem Fond. Die Muster sind geometrischer Natur, abstrakt oder stilisiert. Nicht selten sind Gebetsteppiche, die man nur am fünfeckigen oder zugespitzten Mihrabgiebel erkennt. Oft werden alle Gebetsteppiche mit hellem Grund als Dagestan bezeichnet, wobei man die ähnliche, aber ungleich präziser ausgeführte Produktion von Schirwan völlig außer acht läßt. Bemerkenswert sind auch einige Stücke aus Dagestan mit naturalistischem Charakter, die gegen Ende des 19. Jahrhunderts entstanden.

Die kaukasischen Sumakhs

Im Kaukasus wurden nicht nur Knüpfteppiche, sondern in großem Umfang auch Sumakhs hergestellt, also florlose Wirkteppiche mit umschlungenen Kettfäden. Der Name dieser Textilerzeugnisse geht sehr wahrscheinlich auf die ostkaukasische Stadt Schemacha in der Nähe des Kaspischen Meeres zurück. Die Sumakhtechnik wird allerdings nicht nur im Kaukasus, sondern auch in vielen anderen Gebieten des Mittleren Ostens verwendet. Die antiken kaukasischen Sumakhs gehen auf den Beginn des 19. Jahrhunderts zurück. Ihre Kennzeichen sind das sorgfältig ausgearbeitete Muster sowie ein besonderer Rotton, der zwischen Rostrot und Goldbraun liegt und vor allem für den Fond des Mittelfeldes verwendet wird. Die Schmuckmotive sind geometrischer Natur und wiederholen die örtlich üblichen Muster der Knüpfteppiche. Am häufigsten sind übereinanderliegende sternförmige Medaillons in vorwiegend blauer Farbe. Auf der noch freien Feldfläche sind weitere sekundäre, stets geometrische, abstrakte oder stilisierte Schmuckmotive angebracht, meist in lebhaften Farben, unter denen Gelb, Weiß, Blau und Grün dominieren. In der Bordüre finden wir vor allem den Laufenden Hund in mehr oder minder bewegter, stilisierter Form, ferner Reihen achtstrahliger Sterne und Rosetten in achteckigen Rahmen. Die Sumakhs wirken sehr kompakt und robust. Sie werden fast ausschließlich in Wolle gefertigt. Am häufigsten finden wir bei den Sumakhs längliche Formate, gelegentlich auch mit sehr großen Ausmaßen (zum Beispiel 300–350 x 200–250 cm).

KAUKASUS

■ Antike Produktion

■ Spätere Produktion

■ SÜDKAUKASUS ■

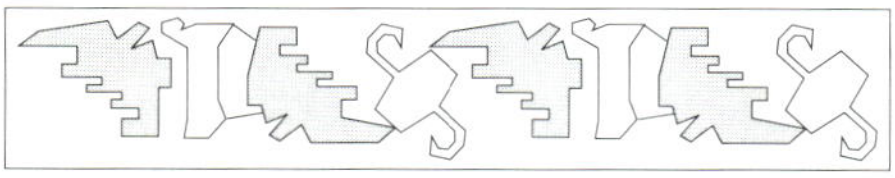

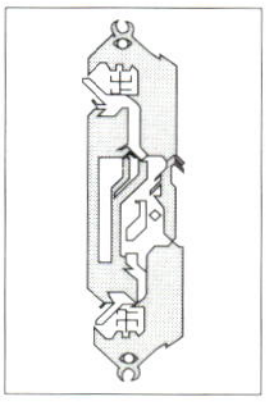

Drachenteppich. 17. Jh. Typisch: Stilisierte Drachen im Feld, florale Bordüre.

■ SÜDKAUKASUS ■

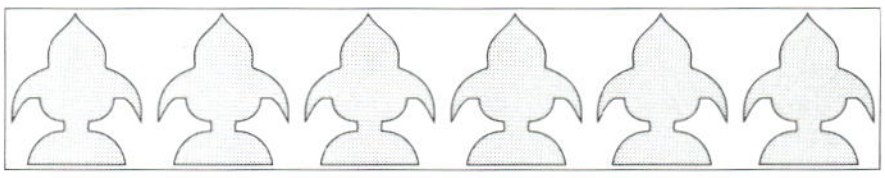

Blütenteppich. Anfang 18. Jh. Typisch: Bordüre, Blütenmuster im Feld.

■ KASAK ■

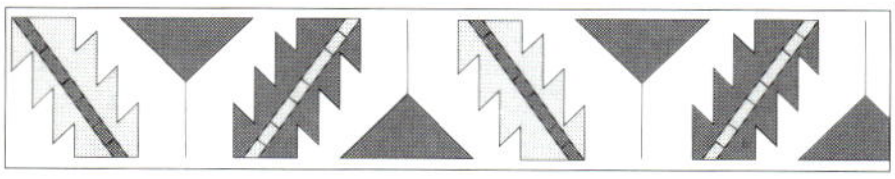

Teppich mit drei Medaillons. 19. Jh. Typisch: Eichenlaubborte, große geometrische Medaillons.

■ KARABAGH ■

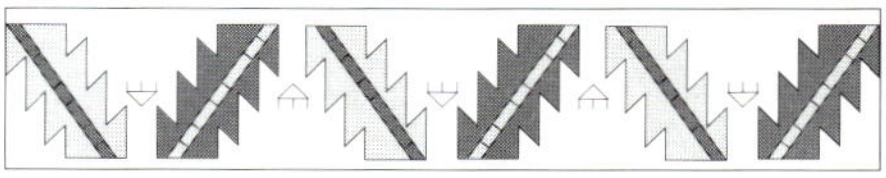

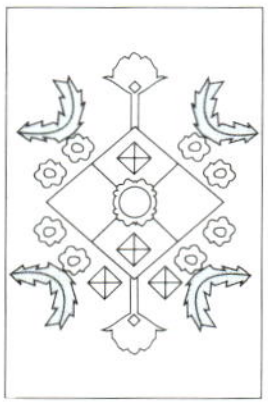

Medaillonteppich. 19. Jh. Typisch: Sägezahn- oder Eichenlaubbordüre, Herati-Motiv im Feld.

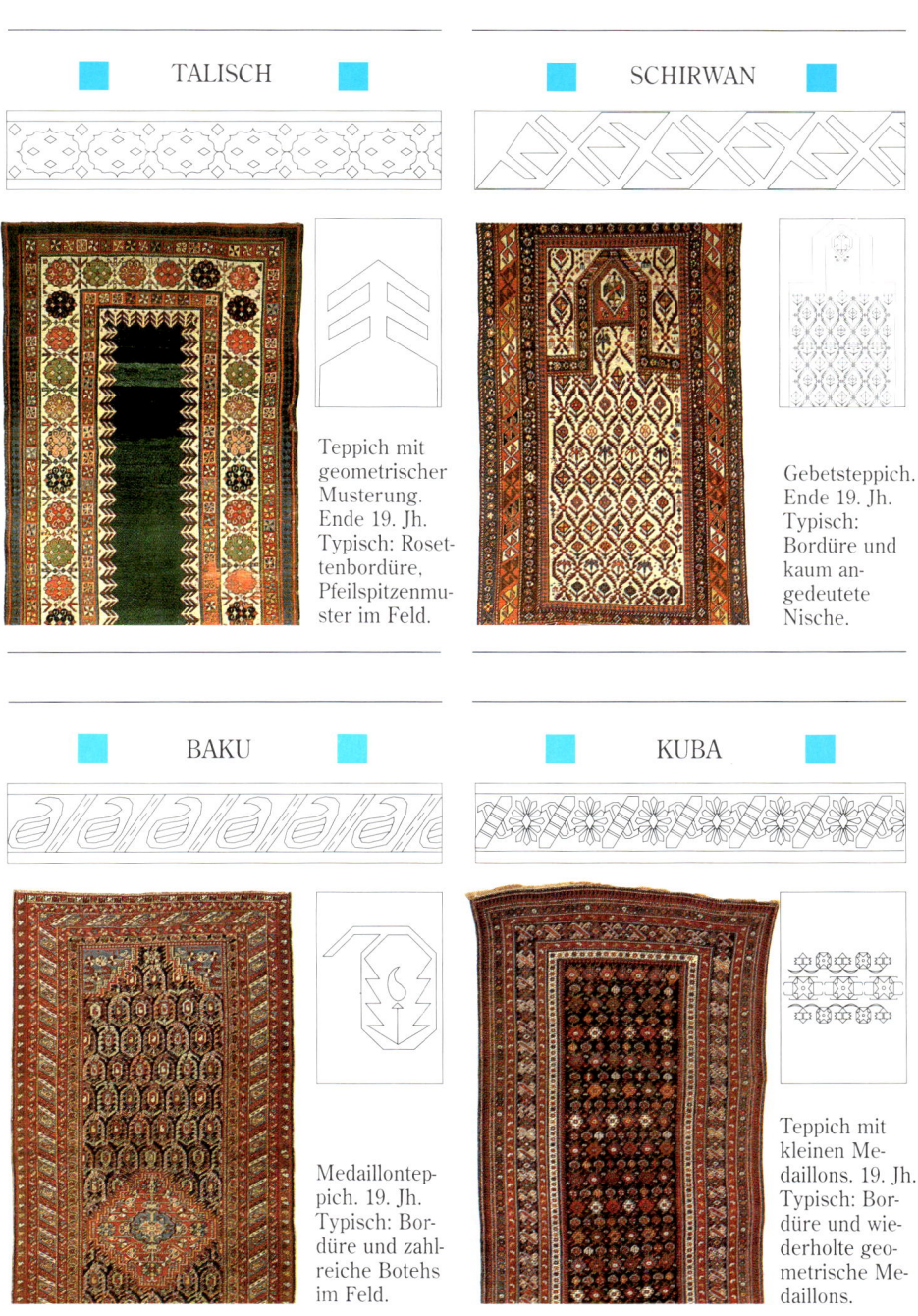

TALISCH

Teppich mit geometrischer Musterung. Ende 19. Jh. Typisch: Rosettenbordüre, Pfeilspitzenmuster im Feld.

SCHIRWAN

Gebetsteppich. Ende 19. Jh. Typisch: Bordüre und kaum angedeutete Nische.

BAKU

Medaillonteppich. 19. Jh. Typisch: Bordüre und zahlreiche Botehs im Feld.

KUBA

Teppich mit kleinen Medaillons. 19. Jh. Typisch: Bordüre und wiederholte geometrische Medaillons.

WESTTURKESTAN

◆ Das Teppichgebiet Zentralasiens setzt sich aus zwei benachbarten Teilen mit unterschiedlicher Produktion zusammen, nämlich Westturkestan und Ostturkestan. Die Teppiche Westturkestans erkennt man mit Leichtigkeit an ihrem ganz besonders streng gehaltenen geometrisch-abstrakten Stil. Er beruht auf Farben und Mustern, die seit Jahrhunderten unverändert sind und von Generation zu Generation weitergegeben wurden. Das entscheidende Zeichnungselement ist dabei das Gül. Dieses typisch turkmenische Motiv besteht aus einem kleinen, meist achteckigen Medaillon. Je nach Stammeszugehörigkeit ist es im Inneren anders verziert und zeigt auch unterschiedliche Umrisse. Auf dem ganzen Feld wird dieses Gül in parallelen Reihen wiederholt. Die Farbpalette ist stark eingeschränkt, wobei Rot in allen Abstufungen im Feld wie in den Bordüren dominiert. Die Musterungen

sind blau, schwarz oder weiß gehalten. Auch der Bordürenschmuck ist im wesentlichen abstrakt-geometrisch, wobei polygonale Zeichnungen und das typische Kotschanak-Motiv mit den beiden Hakenpaaren überwiegen. Die westturkmenischen Teppiche weisen einen einfachen Gesamtcharakter auf, wie auch die nomadischen oder halbnomadischen Menschen, die sie herstellen, ein einfaches Leben führen. Das heißt aber nicht, daß die Teppiche monoton wirken. Ihr Stil ist in der Tat das Ergebnis einer sehr alten Tradition, die seit Jahrhunderten unverändert geblieben ist. Gerade dieser Respekt vor dem archaischen Geist, der sich in der

uralten Symbolik zeigt, führt schließlich dazu, daß die Uniformität und die anfängliche Banalität in ein stolzes, kraftvolles, suggestives Muster umgesetzt werden. Es wird überwiegend der asymmetrische Knoten mit hoher Knüpfdichte verwendet. Für das Grundgewebe wie für den Flor benutzt man in der Regel Wolle. Es kommen aber auch Einschübe aus Seide oder Baumwolle vor, die vor allem für die leuchtend weißen Teile gebraucht werden. Der Flor ist im allgemeinen mittelhoch bis niedrig geschoren. Die Formate sind sehr variabel und reichen in den unterschiedlichsten Ausmaßen von länglich und schmal bis zu quadratisch.

Asymmetrischer Knoten, der in westturkestanischen Teppichen verwendet wird.

Gegenüber: Karte Westturkestans mit den wichtigsten Knüpf-
gebieten. Darunter typische
Bordüren westturkestanischer
Teppiche: Kreuzförmige Muster (oben) und Kotschanak-
Motive (unten).

Unten: Tekke mit typischen
Güls im gesamten Feld. Ende
19. Jh. Die Stücke aus Westturkestan behielten ihren
ursprünglichen Charakter bei.

Ein besonderer Stil

Was die Teppichproduktion anbelangt, so setzt Westturkestan
sich aus unterschiedlichen Regionen zusammen und stellt
vom geographischen Stand-
punkt aus betrachtet ein un-
einheitliches Gebiet dar. Es
umfaßt .Turkmenistan, Kara-
kalpakistan, Usbekistan, einen
Teil Ostpersiens und Nord-
afghanistans. In diesem Gebiet
entstand wahrscheinlich die
Knüpftechnik und wurde in
Wellen mit verschiedenen Völ-
kerwanderungen weiter aus-
gebreitet. In den neu erober-
ten Gebieten, angefangen von
Anatolien bis nach China,
machte der Teppich eine starke Wandlung durch und wurde
dabei zu einem höfischen Produkt. In Westturkestan jedoch
behielt er seine ursprüngliche
Funktion und Bedeutung bei.

Er blieb ein Gegenstand, der
an das tägliche Leben, die
Religion und die Kunst gebunden war. Die Teppiche aus
diesem Gebiet sind die einzigen, die den ursprünglichen
Nomadencharakter unverän-
dert und ausschließlich beibehalten haben.
Die nomadischen und halb-
nomadischen Völker Turke-
stans schufen jahrhundertelang ihre Teppiche nach altem
Muster und nach alter Technik. Die Knüpferinnen arbeiteten auf einfachen, waagrechten
Knüpfstühlen und verwendeten Muster, die für den jeweiligen Stamm typisch sind. Sie
wurden mündlich von Generation zu Generation weitergegeben. Die Zeichnung ist geometrisch-abstrakt, wobei manche
Muster an anatolische oder
kaukasische Vorbilder erinnern, die man auch leicht am

Muster erkennen kann, das die
gesamte westturkestanische
Produktion prägt: das Gül. Es
ist im allgemeinen achteckig,
doch kommt es auch sechs-
eckig oder rautenförmig vor.
Die Umrisse sind unterschiedlich ausgebildet (mit Haken,
Ausbuchtungen, abgestuft und
so weiter). Im Inneren beherbergt das Gül kleine geometrische Zeichnungen. Die Musterung turkmenischer Teppiche
ergibt sich durch die rhythmi-
sche Wiederholung des Güls
in mehr oder minder dichten,
parallelen Reihen. Bisweilen
sind sie untereinander verbunden und werden in der Regel
von Reihen anderer geometrischer Figuren unterbrochen,
zum Beispiel von Rauten,
stern- oder kreuzförmigen Elementen.
Die Einfassung des Feldes besteht im allgemeinen aus einer

WESTTURKESTAN

Schematische Darstellung der wichtigsten turkmenischen Güls: **1** Tekke-Gül, typisch für den gleichnamigen Stamm; **2** Salor-Gül; **3** Gülli-Gül, das bei den Stücken der Salor, der Saryk und der Ersari vorkommt; **4** Saryk-Gül; **5** Tauk-Nuschka-Gül mit den typischen stilisierten Tieren, verwendet von den Jomud und den Ersari; **6** Dyrnak-Gül, verwendet von den Jomud; **7** Kepse-Gül, verwendet von den Jomud.

Hauptbordüre und zwei Borten und weist als Schmuck abstrakte, geometrische Elemente auf, etwa Vielecke, liegende, s-förmige Muster, Mäander oder das Kotschanak-Motiv. Häufig treten an den beiden Schmalseiten oder an einer davon deutlich breitere Einfassungen auf. Wahrscheinlich entstand jedes Schmuckelement des turkmenischen Teppichs durch Stilisierung einer Vorlage aus der Natur, zum Beispiel einer Blüte oder eines Vogels. Deswegen besaß wohl jedes Muster ursprünglich einen Symbolgehalt, den wir heute aber nicht mehr kennen. Wir wissen auch nicht, ob die Güls sozusagen als Stammeswappen entstanden oder durch Vereinfachung eines komplizierten zentralen Medaillons, das man in großer Zahl nur schwer hätte wiedergeben können.

Das Rot, das auf dem turkmenischen Teppich in allen Tönungen auftritt, wurde aus der Färberröte oder dem Krapp, später auch aus der Schildlaus gewonnen. Die übrigen Farben, die für die Musterung verwendet werden, beschränken sich auf Weiß, für das oft Baumwolle benutzt wurde, auf Braun, Schwarz, Orange, Gelb und, in geringerem Umfang, auch auf Blau und Grün.

Die Völker Westturkestans, die ganz von ihren Herden abhingen, schufen mit der Knüpftechnik nicht nur die großen Hauptteppiche und kleinere Teppiche, die im Inneren der Zelte verwendet wurden, sondern auch viele weitere Gegenstände des täglichen Gebrauchs, zum Beispiel Säcke und Taschen unterschiedlichen Formats, Kissen, Pferde- und Satteldecken, Flankenschutz für die Kamele sowie Eingangsbehänge für die Jurten. In diesem Zusammenhang galt der Hauptteppich als wertvollste Arbeit in der kulturellen und künstlerischen Tradition des Stammes. Er war zum Beispiel ein wichtiger Bestandteil der Aussteuer, wurde aber auch verwendet und war somit notwendig für das tägliche Leben in jeder Jurte. Gerade weil diese Teppiche dem Gebrauch unterworfen waren, blieben nur ganz wenige Stücke aus dem 18. Jahrhundert erhalten. Alle anderen stammen frühestens vom Anfang des 19. Jahrhunderts.

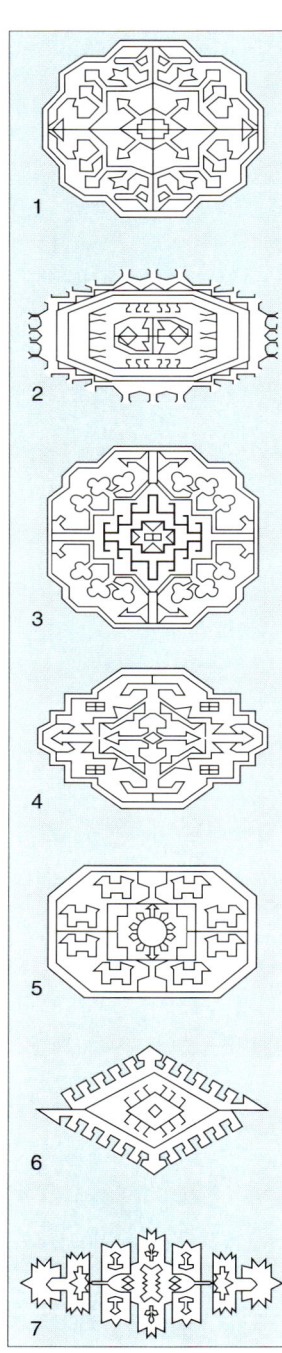

Der Niedergang

Die Teppiche des vorigen Jahrhunderts stehen noch ganz in der Tradition und erreichten das höchste technische Niveau. Stücke aus der zweiten Hälfte jenes Jahrhunderts lassen aber eine gewisse Starrheit und Verdichtung der Musterung sowie etwas weniger brillante Farben erkennen. Der Grund ist in neuen kommerziellen Beziehungen zum Ausland und in der Einführung synthetischer Farben um das Jahr 1880 herum zu suchen. Hinzu kam, daß das nomadische Leben und die Stammesgesellschaften insgesamt in jener Zeit einen Niedergang erlebten, der durch die russische

Eroberung gegen Ende des Jahrhunderts noch beschleunigt wurde. Als der Perserteppich bei uns noch sehr in Mode war, hielten viele die turkmenischen Knüpfprodukte für eintönig und ungehobelt. Heute hingegen schätzen wir diese Teppiche sehr, weil sie uns von einer antiken Tradition erzählen – ganz im Gegensatz zur sterilen und rein nachahmenden modernen Produktion, die auch in Pakistan und in Afghanistan erfolgt.

Die wichtigsten Knüpfgebiete

Die Händler benannten früher die meisten westturkmenischen Teppiche nach der Stadt Buchara, die das größte Handels- und Umschlagszentrum darstellte. Vor allem nach der Form der Güls unterscheiden wir heute mehrere Stämme als Produzenten.

Tekke. Als Kennzeichen weisen diese Teppiche das Tekke-Gül auf, das im Westen als das eigentliche Bucharamuster galt. Das purpurrote Feld ist bei ihnen von einem schwarzen, feinen, rechtwinkligen Gitter durchzogen, an dessen Schnittstellen die stets identischen Güls stehen. Das Tekke-Gül erkennt man an seiner achteckigen, etwas flachen Form mit seinen eingebuchteten Umrissen. Es ist in vier unterschiedlich gefärbte Sektoren eingeteilt, wobei als Farben Weiß-Rot und Rot-Blau auftreten. Nur bei den ältesten Teppichen ist das Blau gelegentlich durch Grün ersetzt.

Im Inneren des Güls befindet sich ein Sternmuster, von dem winzige pfeilähnliche Zeichnungen ausgehen. Einige Forscher erkannten darin stilisierte florale Elemente, andere hingegen »Adlerfüße«. Diese Hauptgüls wechseln reihenweise mit sekundären kreuzförmigen Güls ab. Ihre Zeichnung sieht einem Andreaskreuz ähnlich, und man nennt sie merkwürdigerweise Tschemtsche-Güls, was übersetzt »Löffel-Güls« heißt. Die Bordüre zeigt im allgemeinen ein typisches Band, das aus Achtecken mit vier achtstrahligen Sternen besteht. Eingerahmt wird es von Borten mit bunten Schrägbalken. Die Bedeutung der Bordüren nimmt von der zweiten Hälfte

des 19. Jahrhunderts an zu, was sich in ihrer Zahl und in der Komplexität der Musterung zeigt. Zu diesem Zeitpunkt fand bei den Tekke auch eine allgemeine stilistische Veränderung statt: Die quadratischen Formate werden länger, das Mittelfeld und die Güls kleiner und stehen dichter nebeneinander, obwohl die gesamte Musterung sonst unverändert bleibt. Dies waren die Anzeichen einer kurz bevorstehenden Krise: Der mächtigste Turkmenenstamm wurde nämlich zwischen 1881 und 1885 von russischen Truppen besiegt. Tekke-Teppiche werden heute vor allem in Pakistan und Afghanistan imitiert.

Salor. Die Hauptteppiche die-

Tekke mit typischer Musterung im gesamten Feld. 18. Jh. An den Schnittpunkten der Maschen befinden sich die Tekke-Güls. Zwischen ihnen stehen sekundäre Güls. Zwei Formen davon sind in der Grafik abgebildet, oben das Tschemtsche-Gül und unten das Kurbagh-Gül.

ses stolzen Stammes sind selten. Man erkennt sie am großen rundlichen Salor-Gül. Im Inneren zeigt es ein Kleeblattmotiv, das auch bei den Teppichen der Saryk und Ersari auftritt. Dieses stilisierte florale Element tritt in jedem Viertel des Güls auf, das abwechselnd weiß-rot und blaurot gefärbt ist. Auf dem scharlachroten Grund des Feldes sind diese Güls reihenweise angeordnet; sie stehen in einiger Entfernung voneinander und sind untereinander nicht verbunden. Im Wechsel erkennen wir sehr viel kleinere achteckige Güls. Die Hauptbordüren weisen im allgemeinen das Kotschanak-Motiv oder doppel-T-förmige Ele-

mente mit abgestuften kleinen Medaillons auf. Für die Produktion der Salor ist daneben ein anderes, streng achteckiges Gül typisch, das als Muster vor allem auf größeren Taschen (Tschowal) auftritt. Außen zeigt dieses Gül eine

schwarz eingefaßte, dreieckige Zinne. Auf den Tschowals sind jeweils drei dieser Salor-Güls abgebildet. Dazwischen stehen kleine, schwarze, rechtwinklige Motive, die zu Rauten angeordnet sind und selbst im Inneren Sternmuster enthalten.

Tschowals der Salor aus der zweiten Hälfte des 19. Jahrhunderts mit diesem eben beschriebenen Gül wurden früher auch Pendeh genannt. Es handelt sich dabei um den Namen einer Oase, in die sich die letzten Salor flüchteten, die der Vernichtung ihres Stammes im Jahr 1856 entgangen waren. Das betreffende Gül ist übrigens auch auf Knüpfteppichen der Saryk und Tekke zu

Oben: Ausschnitt aus einem Tekke mit typischer Musterung im gesamten Feld. Ende 19. Jh. Von der zweiten Hälfte des 19. Jh. an wird die traditionelle Zeichnung der Tekke dichter.

Unten: Tasche der Salor mit typischem Salor-Gül. Zweite Hälfte 19. Jh. Solche großen Taschen heißen auch Tschowal. Teppiche mit dieser Art Gül bezeichnet der Handel auch nach einer Oase als Pendeh.

finden, allerdings in starrerer, flacherer Form.

Saryk. Diese Stücke wurden im allgemeinen mit dem symmetrischen Knoten geknüpft und unterscheiden sich vor allem durch die Farben; vorwiegend findet man Dunkelblau und Orange. Das ursprünglich purpurrote Feld fiel bei jüngeren Stücken dunkler aus und tendierte somit zu Braunrot. Die Saryk-Güls zeigen verschiedene Formen, die eine mehr oder minder nahe Verwandtschaft mit den Motiven der Salor und der Tekke verraten. Am charakteristischsten ist jedoch das achteckige Gül mit vierundzwanzig Facetten, das im Inneren kreuzförmige oder andere Elemente aufweist. Dieses Gül ist in Viertel

WESTTURKESTAN

Saryk mit typischem Gül im ganzen Feld. 19. Jh. Die Teppiche der Saryk unterscheiden sich auch durch die Verwendung besonderer Farben, besonders Orangerot und Dunkelblau.

aufgeteilt und abwechselnd weiß, orange oder hellrot gefärbt. Sie treten in regelmäßigen, senkrecht aufeinanderstehenden Reihen auf. Abwechselnd dazu sind im allgemeinen kreuzförmige sekundäre Güls ausgeformt. Die Bordüre zeigt vor allem das Kotschanak-Motiv sowie feine kreuzförmige Elemente. Charakteristischer sind noch die Borten mit ihrer bunten Dreiecksmusterung oder mit liegenden s-förmigen Elementen. An den Kopfseiten weisen die Teppiche zwei schmale Bordüren auf, die winzige bunte Schrägbalken zeigen (Gyjak).

Jomud. Die Teppiche der Jomud werden meistens mit dem symmetrischen Knoten geknüpft. Die Produktion dieses Stammes zeigt eine große Mustervielfalt, wobei auch Einflüsse von anderen, nicht turkmenischen Traditionen zu erkennen sind. Einige Güls der Jomud weisen nicht nur eine andere Form auf, sondern stehen zum Beispiel auch in abwechselnden Reihen und sind so gefärbt, daß sich eine diagonale Musterung ergibt. Das achteckige Tauk-Nuschka-Gül weist im Inneren vier Paare kleiner, äußerst stilisierter Tiere auf. Das Dyrnak-Gül ist rautenförmig und zeigt außen ein Hakenmuster. Auf Einflüsse von außen gehen vor allem zwei Güls zurück: Ein kleineres, sechseckiges Gül mit gezahnten Umrissen, das von zwei Paar gegabelten waagrechten Mustern und im Inneren von kleinen Halbmonden geschmückt ist, sowie das Kep-

se-Gül, das aus fünf bis sieben breiten, abwechselnd gefärbten, gezahnten Segmenten besteht; sie sind so abgestuft angeordnet, daß daraus insgesamt ein Sechseck oder eine Raute hervorgeht. Auch die Hauptbordüren zeigen sehr unterschiedliche Zeichnun-

gen, zum Beispiel Mäander, stilisierte Blätter oder ein typisches schiffsähnliches Motiv. Es besteht aus einer geometrischen Ranke, an deren Seiten sich kleine florale Elemente ähnlich winzigen Schiffen befinden. Diese Muster stehen im allgemeinen auf weißem

160

Grund. Die Borten sind mit liegenden s-förmigen Elementen geschmückt oder weisen Hakenmotive ähnlich dem Laufenden Hund kaukasischer Teppiche auf. Es dominieren die Farben Rot und Blau, doch sind auch Gelb, Orange, sowie bei älteren Stücken ein typisches helles Grünblau vertreten.

Tschaudor. Innerhalb dieser Produktion fallen vor allem jene Stücke auf, die mit dem Ertmen-Gül geschmückt sind. Es ist rautenförmig, hat abgestufte Umrisse und zeigt im Inneren unterschiedliche Schmuckelemente. Oben und unten oder an allen vier Ecken steht ein zartes Doppelhakenmotiv. Dieses besondere Gül, das eher klein ausgeführt wird, wiederholt sich in versetzten Reihen auf dem ganzen Feld. Im allgemeinen sind keine Nebengüls mehr ausgebildet, doch liegen diese Güls oft im Inneren eines Gitternetzes mit rautenförmigen Maschen. Die Güls sind so gefärbt, daß entsprechende diagonale Reihen entstehen, in der Regel Rot und Weiß auf hell- oder dunkelrotem Fond. Die häufigste Bordüre bei den Tschaudor ist ein Rankenmotiv mit stilisierten Blättern auf weißem Hintergrund. Die Borten sind im allgemeinen mit kleinen, liegenden, s-förmigen, bunten Elementen geschmückt. Typisch für die Tschaudor sind auch breite gemusterte Ansätze (Elam) am oberen und unteren Ende des Teppichs.

Ersari. Diese umfangreiche Produktion unterscheidet sich

Die Engsi der Turkmenen

Unter den zahlreichen Knüpfteppichen, die die turkmenischen Stämme als Gegenstände des täglichen Gebrauchs schufen, sind die Engsi besonders bemerkenswert. Sie wurden als Vorhänge für den Zelteingang verwendet. Die Engsi weisen anstelle eines einheitlichen Mittelfeldes, wie es sonst für die gesamte restliche turkmenische Produktion typisch ist, ein kreuzförmiges Muster auf, das das Feld vierteilt. Als Schmuck auf den vier Flächen treten archaische Muster auf, die je nach Stamm unterschiedlich ausfallen. Typisch für viele Exemplare ist zusätzlich eine breite Bordüre an drei Seiten des Teppichs, in der schwarze und weiße doppel-T-förmige Elemente als Schmuck auftauchen. An der Unterkante des Teppichs befindet sich ein breiter Abschluß (Elam), der teilweise geknüpft und teilweise nur gewebt ist. Dieser Elam zeigt als Schmuck stilisierte florale Motive oder

zahlreiche dünne geometrische Rahmen. Der Elam hat die Aufgabe, den eigentlichen Teppich mit seinem Muster vor Verschleiß zu schützen, denn er liegt auf dem Boden auf. Manche Engsi erkennt man auch leicht an ihrer größeren Farbpalette: Auf dunkelrotem Fond wechseln die feinen schwarzen Zeichnungen des Feldes und die hellen Muster der Bordüren ab. Dazwischen stehen oft Einschübe in Hellrot. Die traditionellen Muster und Farben erfuhren im Lauf der Zeit einige Veränderungen. So verringerte sich zum Beispiel die Größe des Elams. Geblieben ist allerdings das kreuzförmige Muster der Engsi. Diese Teppiche stehen in Zusammenhang mit der Schamanentradition dieser Völker, denn ihr Muster hat mit der Auffassung von der Weltenachse zu tun. Statt »Engsi« verwenden viele Händler den Ausdruck »Hatschlu«, was »Kreuz« bedeutet.

Oben: Ausschnitt aus einem Teppich der Jomud mit Dyrnak-Gül im gesamten Mittelfeld. 19. Jh. Charakteristisch sind die hakenförmigen Borten, die an den Laufenden Hund erinnern.

Unten: Ausschnitt aus einem Tschaudor mit dem typischen Ertmen-Gül. Ende 19. Jh.

von anderen zunächst durch die lebhafteren, brillanteren Farben. Vertreten sind vor allem Gelb und ein kräftiges Rot, ferner Blau, Blaugrün und Schwarz. Typisch ist auch die große Motivvielfalt, die sich auf turkmenische wie persische Traditionen zurückführen läßt. Besondere Erwähnung verdient die Tatsache, daß der Stamm der Ersari sehr umfangreich ist, sich in zahlreiche Unterstämme verzweigt und jahrhundertelang von starken nomadischen Einflüssen geprägt wurde. Die ersten Unterstämme ließen sich jedoch bereits im 17. Jahrhundert nieder. Aber auch den Produkten des 19. Jahrhunderts ist noch die stark nomadische Ausrichtung anzusehen. Auf der anderen Seite sind aber auch auffallende turkmenische und persische Einflüsse festzustellen. Die Ausmaße der Teppiche orientieren sich eher an der Größe der Räume fester Häuser als an dem beschränkten Platz der Nomadenzelte. Die Teppiche der Ersari haben sich besonders im Verlauf des späten 19. Jahrhunderts in wesentlich stärkerem Maße der Produktion der städtischen Herstellungszentren angepaßt als die Teppiche vieler anderer seßhaft gewordener Nomadenstämme; das trifft auf die Teppichgrößen ebenso zu wie auf die Auswahl der Motive und der Muster. Entsprechend den bereits erwähnten turkmenischen und persischen Einflüssen entstanden zwei Teppichtypen. Die erste Gruppe erkennt man daran, daß große

Medaillon-Beschir. Ende 19. bis Anfang 20. Jh. Dieser Teppich wurde von den Ersari gefertigt. Er unterscheidet sich durch das Fehlen der turkmenischen Güls und die typisch persische Muster-

anlage, denn es dominiert im ganzen Feld (Zeichnung oben) und in der Hauptbordüre (Zeichnung unten) das Boteh.

achteckige Güls mit dem klassischen Kleeblattmuster (Gülli-Gül) das ganze Feld bedecken. Weitere bekannte Elemente sind das Temirdschin-Gül, das im Inneren zahlreiche ineinander verschränkte Dreiecke aufweist, oder das Tauk-Nuschka-Gül, von dem schon die Rede war. Es kommt auch in den westturkestanischen Teppichen aus Jomud vor und weist im Inneren vier Paare kleiner, in extremer Form stilisierte Tiere auf. Die zweite Mustergruppe ist unter der Bezeichnung Beschir bekannt. Sie geht auf den Namen der Stadt oder den eines Unterstammes der Ersari zurück. Diese Teppiche sind durch stark stilisierte florale Motive oder typisch persische, in geometrischer Formensprache ausgedrückte Muster gekennzeichnet, zum Beispiel das Herati- und das Minah-khaneh-Motiv, das das ganze Feld bedeckt. Bei anderen Teppichen sind zahlreiche Botehs um ein kleines rundliches zentrales Medaillon sowie um vier weitere ähnliche Medaillons in den Ecken angeordnet. Der Stamm der Ersari stellt auch Gebetsteppiche her, während andere Stämme Turkestans diese Art Teppich nicht kennen.

OSTTURKESTAN

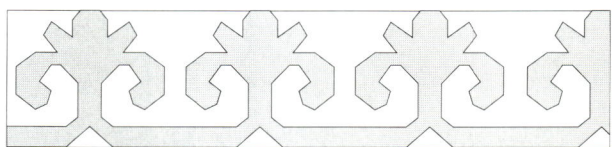

◆ Die allgemeinen stilistischen Elemente, anhand derer man die Teppiche Ostturkestans bestimmen kann, sind die Verringerung der Schmuckelemente, die geometrische, abstrakte oder stilisierte, in jedem Fall ausgesprochen elementare Formensprache sowie die lebhaften Farben, hauptsächlich Rot, Blau und Gelb in allen Abstufungen. Trotz der Einflüsse aus China, aus Westturkestan, Persien und Indien konnte die ostturkestanische Produktion jahrhundertelang an der eigenen Tradition festhalten. Sie knüpft an präislamische Kulturen an, besonders an die schamanistische und die buddhistische Kultur. Die am weitesten verbreiteten Raumaufteilungen sehen drei übereinanderliegende Medaillons vor, ferner Güls im gesamten Feld oder mehrere Gebetsnischen (Saf). Typisch ist schließlich das lokale Granatapfelmotiv. Die Bordüren sind außergewöhnlich vielgestaltig; unter ihnen dominieren das charakteristische lokale Kleeblattmotiv, eine stilisierte Ranke, ein Mäander- und ein T-Motiv. Typisch für die ostturkestanische Produktion ist außerdem eine ziegelfarbene Borte, die um die Hauptbordüre herum verläuft.

Diesen Teppichen ist ein einfacher, elementarer Charakter eigen. Doch wirken sie gleichzeitig lebhaft und kraftvoll und geben eine solide Tradition wieder. Nur bei den Stücken, die vom Ende des 19. Jahrhunderts an gefertigt wurden, erscheint die fröhliche Natur die-

ser Knüpfprodukte durch die neuen Pastelltöne gedämpft. Es wird der asymmetrische Knoten in mittlerer bis geringer Knüpfdichte verwendet. Das Grundgewebe besteht im allgemeinen aus Baumwolle, während für den Flor Wolle oder Seide, diese sogar gelegentlich mit Metallfäden, verwendet werden. Die Schur erfolgt in der Regel in mittlerer

Asymmetrischer Knoten, wie er in Ostturkestan verwendet wird.

bis geringer Höhe. Die Teppiche sind sehr schmal, die Länge beträgt meistens das Doppelte der Breite.

Die wichtigsten stilistischen Merkmale

Ostturkestan liegt zwischen Westturkestan und der Mongolei und entspricht heute ziemlich genau der chinesischen Provinz Sinkiang. Der Handel bezeichnete die Teppiche dieses Gebietes früher als Samarkand. Diese Stadt im westlichen Teil des Gebietes war einst der größte Umschlagplatz, wobei die meisten Stücke vor allem in den Westen exportiert wurden. Als Brücke zwischen Osten und Westen wurde Sinkiang im Lauf der Zeit von zahlreichen Völkern besetzt. Sie beeinflußten die lokale Kunst, konnten aber dem ursprünglich geome-

Gegenüber: Karte Ostturkestans mit den wichtigsten Knüpfgebieten. Darunter eine Borte mit Kleeblattmuster, typisch für Ostturkestan; im Kaukasus wird sie auch Medachyl-Borte genannt.

Unten: Yarkand mit Granatapfelmotiv. Mitte 19. Jh. Dieses Schmuckmotiv mit den Lebensbäumen ist das typischste Ostturkestans. Es will gute Wünsche zum Ausdruck bringen. Auf diesem Stück entspringen vier Lebensbäume jeweils einer kleinen Vase. Die Hauptbordüre zeigt häufig weit auseinanderstehende Rosetten (siehe auch Zeichnung unten).

trischen Empfinden der Bewohner nichts anhaben, ebensowenig den Mustern, die noch auf präislamische Zeiten zurückgehen.

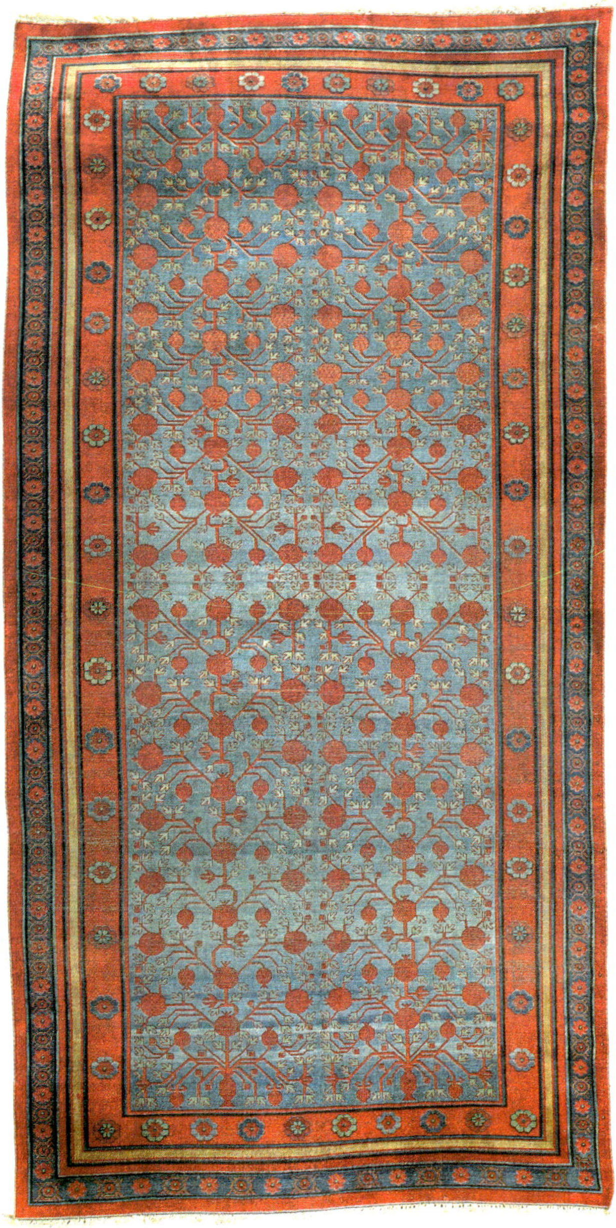

Die Teppiche, die sich bis auf den heutigen Tag erhalten haben, reichen höchstens an das Ende des 18. Jahrhunderts zurück und wurden alle in spezialisierten Manufakturen von Männern auf waagrechten oder senkrechten Knüpfstühlen gefertigt. Die Tradition der Teppichknüpfkunst geht aber vielleicht sogar bis ins 3. Jahrhundert nach Christus zurück, wie archäologische Funde beweisen. Die Teppiche weisen einige stilistische Eigenheiten auf. Am charakteristischsten, wenn auch nicht am häufigsten, ist das Granatapfelmotiv. Möglicherweise ist es noch antiken Ursprungs und symbolisiert Reichtum, denn diese Pflanzen tragen viele Früchte mit zahlreichen Samen. Die entsprechenden Teppiche zeigen ein blaues Feld, in dem ein, zwei oder mehrere hellrote Bäume stehen. Sie entspringen einer kleinen Vase und entfalten ihre geometrisch angeordneten Zweige, die voller Blätter und Früchte sind, nach oben. Es ist auch eine spiegelbildliche Anordnung dieser Lebensbäume möglich.

Der häufigste Teppichtyp zeigt drei übereinanderliegende Medaillons. Dabei spielte wahrscheinlich die buddhistische Symbolik eine Rolle, die in den Medaillons Buddha selbst mit zwei Schülern sah. Diese Stücke weisen im allgemeinen einen roten Fond auf. Die

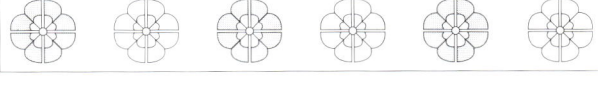

OSTTURKESTAN

Khotan mit drei übereinanderliegenden Medaillons. Ende
19. Jh. Es ist hier die häufigste
Musteranordnung der ostturkestanischen Teppiche mit drei
rundlichen Medaillons (siehe
auch Zeichnung) dargestellt.

Typisch ist die gewellte
Wolkenborte, die den Kosmos
symbolisiert.

Medaillons sind achteckig
oder rund, normalerweise blau
und zeigen im Inneren kleine
Sterne, Rosetten, stilisierte
florale Elemente oder weitere
geometrische Motive. Sehr viel
weniger häufig sind Teppiche
mit einem zentralen Medaillon
oder zahlreichen wiederholten
Medaillons. Auf jeden Fall besitzen auch diese Medaillons
eine stark abgerundete achteckige Form. Ziemlich häufig
ist der Gebetsteppich mit mehreren Nischen (Saf), bei dem
wahrscheinlich lokale ikono-
graphische Traditionen aus
präislamischer Zeit und islamische Traditionen zusammentreffen, denn bisher sind noch
keine Einzelgebetsteppiche
aus diesem Gebiet bekannt geworden. Die Nischen, die stets
in ungerader Zahl auftreten,
zeigen im Inneren stilisierte
Lebensbäume, Granatäpfel,
florale Muster und weitere geometrische Motive. Deutlich ist
aber auch ein Einfluß von Mustern anderer Gebiete zu beobachten, etwa des persischen

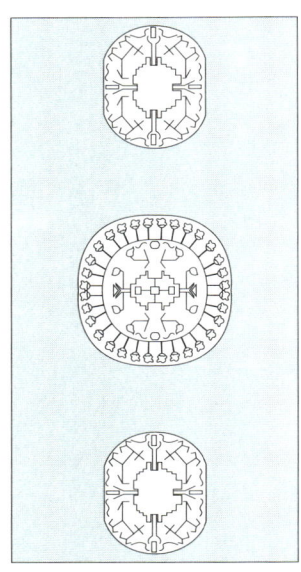

Herati-Motivs. Aus China stammen florale Elemente, Wolkenbänder oder Wolkenhäupter,
aus Indien stilisierte Blüten
und aus Westturkestan vor allem das Gül. Dieses achteckige
Medaillon wurde allerdings
den lokalen Traditionen entsprechend in eine hakenbesetzte Rosette umgewandelt.

Für die Bordüren stehen zahlreiche Muster zur Verfügung,
wobei zwischen Feld und Bordüre keine genauen Entspre-
chungen bestehen. Wichtige
Motive der Hauptbordüre sind:
zweifarbige kleeblattartige
Muster, »Wellenmuster« (bunte Linien, die den Kosmos, das
heißt die Wolken, die Berge
und das Wasser, symbolisieren), achteckige Rosetten, stilisierte Ranken, wechselseitig
ausgerichtete Sträuße aus je
drei geometrisch dargestellten
Blüten. Die häufigsten Borten
sind geometrisch abstrakter
Natur und zeigen Mäander,
Swastiken und t-förmige Motive.

Alte Teppiche

Um 1870 herum führten zwei
bedeutsame Ereignisse zu
einer beträchtlichen stilistischen Veränderung der ostturkestanischen Teppiche: zum einen die Einführung synthetischer Anilinfarben und zum anderen die wachsende Beliebt-

Khotan. Ende 19. Jh. Dieser Teppich ist vom persischen Herati-Motiv beeinflußt und typisch für die Oase von Khotan. Eine Besonderheit ist die Hauptbordüre mit den unterschiedlich ausgerichteten Blüten.

Die typischen Sinkiang-Formate

Abgesehen von den Mustern und Farben kennzeichnen sich Teppiche Ostturkestans teilweise auch durch ihre besonderen Formate. Sie sind fast doppelt so lang wie breit, wobei die Maße ungefähr bei 100 x 200 cm liegen. Dieses Format hat ganz praktische Gründe, die mit dem täglichen Gebrauch in Zusammenhang stehen. Seit jeher war in den traditionellen Häusern von Sinkiang der Wohnraum ein geräumiger rechteckiger Saal, der fast auf seiner ganzen Fläche eine ungefähr einen Meter hohe Plattform aus Holz enthielt. Auf dieser Plattform spielte sich das Leben ab. Dort schliefen auch die Menschen. Um diese Fläche so wohnlich wie möglich zu gestalten, wurde sie mit einzelnen oder paarweise vorhandenen Teppichen ausgestattet. Ihre Maße mußten somit den Maßen der Plattform entsprechen. Unter den ostturkestanischen Teppichen gibt es auch stärker zum Quadratischen neigende Formate. Sie wurden vom Anfang des 20. Jahrhunderts an geknüpft, um die Nachfrage westlicher Länder zu befriedigen. Ihre Maße paßten sich somit westlichen, also europäischen und amerikanischen Wohnräumen an. Damit wurden die Teppiche 200 bis 260 cm breit und 300 bis 360 cm lang.

heit dieser Teppiche im Westen. Dies führte zu einer Erstarrung und einer wirren Anhäufung der traditionellen Muster; die ehemals bunten, kontrastierenden Farben verloren an Klarheit und Harmonie.

Die Stücke, die gegen Ende des 19. Jahrhunderts entstanden, zeichnen sich deswegen normalerweise durch Pastellfarben aus, zum Beispiel Hellgelb, Grau, Violett, Blaßgrün und Rosa. Vom Samarkand aus gelangten im vorigen Jahrhundert falsche antike Teppiche in den Handel, die durch verwaschene Pastellfarben gekennzeichnet waren. Diese Töne erzeugte man durch besondere Verfahren, um ein hohes Alter vorzuspiegeln und den unerfahrenen Käufer zu täuschen. In Wirklichkeit allerdings zeigten die Teppiche Sinkiangs aus dem 18. Jahrhundert ganz

Khotan mit kurvilinearem, ma-
schenartigem Muster auf dem
gesamten Mittelfeld. Mitte 19.
Jh. Das Muster des Mittelfeldes geht auf chinesische Vorlagen zurück. Dem chinesischen
Geschmack entsprechen auch

die Muster in den beiden
Hauptbordüren, die aus Mään-
dern oder t-förmigen Zeichnungen bestehen (siehe Grafik
ganz unten).

intensive, kontrastierende Farben.

**Die wichtigsten Knüpf-
gebiete**

Die Hauptknüpfgebiete liegen
im wesentlichen in den drei
Oasen Kaschgar, Yarkand und
Khotan. Da aber alle drei Gebiete sehr ähnliche Muster
verwendeten, muß man für
eine korrekte Bestimmung die
strukturellen Eigenschaften
des Teppichs heranziehen.
Kaschgar. Diese Teppiche
sind meistens von hoher Qualität und entstanden im allgemeinen zwischen dem Ende
des 18. und der Mitte des
19. Jahrhunderts. Stilistisch
gesehen stehen sie unter persischem und chinesischem
Einfluß. Die Farben erscheinen zarter als die der beiden
anderen Provenienzen.
Yarkand. Die Teppiche dieser
Oase erkennt man an den blau
oder hellblau gefärbten Schüssen. Häufig ist das Granatapfelmotiv, doch gibt es auch
Medaillonteppiche, Teppiche
mit Güls und reine Gebetsteppiche. Die Farben bilden im
allgemeinen starke Kontraste,
zum Beispiel durch das Hellgelb der Zeichnung und das
Rot des Fonds.
Khotan. Hier werden seit Mitte des vorigen Jahrhunderts
Teppiche geknüpft. Sie sind besonders vielfältig, auch wenn
die Teppiche mit drei übereinanderliegenden Medaillons
und mit einem einzigen zentralen Medaillon am häufigsten
vertreten erscheinen. Der
Fond ist ziegelrot und blau ge-

Oben: Ausschnitt aus einem Medaillonteppich aus Khotan. Ende 19. Jh. Es handelt sich hier um einen der häufigsten Mustertypen in der vielgestaltigen Produktion dieser Oase. Man beachte das Wolkenmotiv

in der Hauptbordüre (siehe auch Grafik).

Unten: Yarkand mit zwei Medaillons. Mitte 19. Jh. Eine Besonderheit des Yarkand ist die häufige Verwendung der hellgelben Farbe für das Muster.

halten, für die Muster wurden die Farben Gelb, Hellblau und Rot in allen Abstufungen verwendet. Die Teppiche von Khotan erkennt man an den braunen Schußfäden und an der geringeren Knüpfdichte.

WEST-TURKESTAN

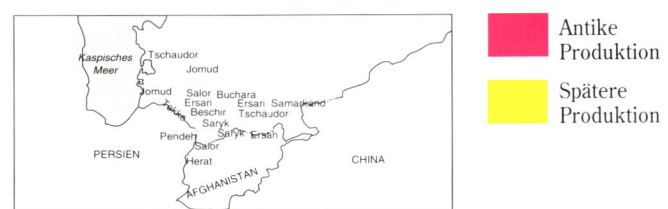

■ TEKKE ■

Teppich mit geometrischem Muster. 18. Jh. Typisch: Bordüre und Tekke-Gül im Mittelfeld.

■ SARYK ■

Teppich mit geometrischer Musterung. 19. Jh. Typisch: Bordüre und Saryk-Gül im Mittelfeld.

■ SALOR ■

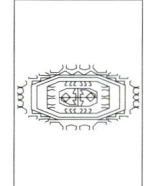

Teppich mit geometrischer Musterung. 19. Jh. Typisch: Bordüre und Salor-Gül im Mittelfeld.

JOMUD ■

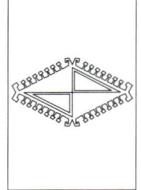

Teppich mit geometrischer Musterung. 19. Jh. Typisch: Bordüre und Jomud-Gül im Mittelfeld.

OST-TURKESTAN

MONGOLEI

Sinkiang (China)

Kaschgar

Yarkand

Khotan

CHINA

Teppiche des 19. Jh.

YARKAND

Teppich mit Granatapfel-motiv. Mitte 19. Jh. Typisch: Rosettenbordü-re und Granat-Lebensbäume.

KHOTAN

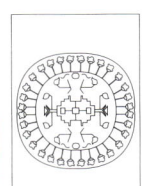

Teppich mit drei Medaillons. Ende 19. Jh. Typisch: Wolken-bordüre und rundliche Medaillons.

KHOTAN

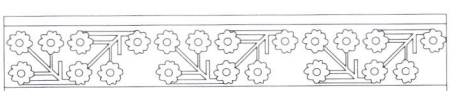

Teppich mit Herati-Motiv. Ende 19. Jh. Typisch: Bor-düre und stili-siertes Herati-Motiv mit fünf Blüten.

KHOTAN

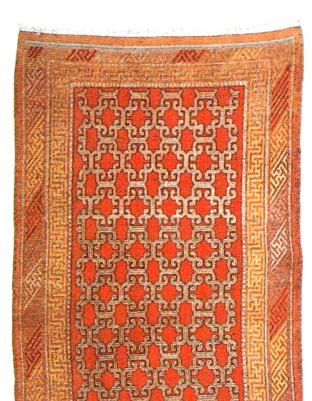

Teppich mit geometrischer Musterung. Mitte 19. Jh. Typisch: Bor-düre und maschen-artiges Muster im Feld.

INDIEN

◆ Das wichtigste Kennzeichen der indischen Teppiche sind die besonders intensiven Farben. Verwendet werden besonders Gelb, Rosa, Hellblau, Grün und vor allem ein bläuliches Rot, das auch als Lackrot bekannt geworden ist und für den Fond des Mittelfeldes reserviert ist. Die Zeichnungen sind stark angelehnt an persische Vorlagen, unterscheiden sich aber durch ihre Asymmetrie und die stark naturalistische Tendenz, die detailfreudige, naturgetreue Abbildung. Es wurden vor allem Blüten und Tiere abgebildet, die dem Betrachter des Teppichs natürlich eine Blickrichtung aufzwingen. Es fehlen die großen ausgearbeiteten Kompositionen. Am häufigsten sind Muster, die sich reihenweise im ganzen Mittelfeld wiederholen, In-and-out-Palmetten sowie Gebetsteppiche. Durch die Freude an der naturalistischen Darstellung fehlen charakteristische Schmuckmotive, abgesehen von einigen wenigen, die der persischen Produktion entlehnt wurden wie etwa das Herati, das Boteh und das Wolkenband. Indische Teppiche machen einen sehr reichen, aristokratischen und raffinierten Eindruck, lassen aber die abstrakte Eleganz mancher Perserteppiche vermissen. Durch die überwältigend reiche, konkrete Darstellung könnte man von einer geradezu fleischlichen Sinnlichkeit sprechen.

Alle indischen Teppiche werden mit dem asymmetrischen Knoten geknüpft und unterscheiden sich auch durch ihre

Asymmetrischer Knoten, wie er in Indien verwendet wird.

hohe Knüpfdichte, die die Darstellung realistischer Details ermöglicht. Die mittlere Knüpfdichte eines indischen Teppichs liegt bei 15 000 Knoten pro Quadratdezimeter und erreicht bei den feinsten Stücken 30 000 bis 40 000 Knoten. Das Grundgewebe besteht im allgemeinen aus Baumwolle, während der Flor aus Wolle geknüpft wird. In nördlichen Gebieten wird weiche, glänzende Kaschmirwolle verwendet. Bisweilen findet für das

Gegenüber: Geographische Darstellung Indiens mit den wichtigsten Knüpfzentren. Darunter typische Bordüren indischer Teppiche: florale Bordüre mit Masken (oben), naturalistische Bordüre mit Blüten (unten).

Unten: Tierteppich. Anfang 17. Jh. Typisch für den indischen Stil ist die naturalistische Darstellungsweise: Auf dem Feld sind Störche, Pfauen, Rebhühner, Tauben und Wiedehopfe dargestellt.

Charakteristisch ist überdies der rote Fond mit blauem Schimmer. Der Farbstoff wird aus der Lackschildlaus gewonnen.

genössischen Safavidenkunst. So ließ er sich vom persischen Hof Künstler und Handwerker schicken, um spezialisierte Manufakturen in Agra und Fathepur-Sikri, den beiden Hauptstädten seines Reiches, sowie in Lahore im heutigen Pakistan zu errichten. Der Knüpfteppich war also vom Anfang an ein ausschließlich höfisches Kunstprodukt. Er wurde als wertvoller Einrichtungsgegenstand aufgefaßt und sollte die Wände der Mogulpaläste schmücken. Damit war sein Niedergang eine unweigerliche Folge des Niedergangs der Moguldynastie, die gegen das Ende des 18. Jahrhunderts begann.

Nachdem der indische Teppich dieselben Ziele verfolgte wie der klassische Perserteppich, imitierte er auch dessen Technik und Stil: asymmetrischer Knoten, sehr hohe Knüpfdichte, Verwendung wertvoller Materialien wie Kaschmirwolle, gelegentlich auch Seide sowie Silber- und Goldfäden, Knüpfvorlagen von höfischen Miniaturenmalern, kurvilinearer Stil und Muster mit floralem oder figürlichem Charakter.

Die direkte Abhängigkeit von der persischen Teppichknüpfkunst bezeugen die sogenannten indopersischen Teppiche, die ins 17. bis 18. Jahrhundert datieren und eine typisch safavidische Musteranlage erkennen lassen: In-and-out-Palmetten, Herati-Motive und gelegentlich Wolkenbänder, dies alles ordentlich über das Feld verteilt. Zunächst wurden die-

Grundgewebe wie für den Flor Seide Verwendung. Der Flor wird im allgemeinen kurz geschoren. In den meisten Fällen weisen indische Teppiche mittlere und große Formate auf und erreichen sogar Maße von 400 x 600 cm.

Die Entstehung des indischen Teppichs

Bis zum 16. Jahrhundert war die Teppichknüpfkunst in Indien völlig unbekannt, wahrscheinlich weil das warme Klima keinen Kälteschutz erforderlich machte. Die Tatsache, daß der Knüpfteppich dann doch Eingang in Indien fand, beruht nicht auf einer jahrhundertealten Tradition, sondern auf einem einfachen Import, den der Mogulherrscher Akbar (1556–1605) im 16. Jahrhundert veranlaßte. Er war einer der berühmtesten Herrscher der Moguldynastie (1526/27–1858) und ein großer Bewunderer der zeit-

Links: Gebetsteppich. 16. Jh. Bei den Millefleurs-Gebetsteppichen der Mogulzeit verwandelt sich der symbolische Lebensbaum in einen Strauch, dem naturalistisch dargestellte Blüten entspringen.

Rechts: Teppich mit floraler Musterung. Erste Hälfte 17. Jh. Bei dieser typischen Anlage aus der Mogulzeit sind die Blumen in waagrechten Reihen angeordnet. Die Bordüre zeigt das modifizierte Herati-Motiv.

se Stücke Persien und insbesondere Herat zugeschrieben. Später teilte man sie aufgrund farblicher Unterschiede und einer mehr oder minder ausgeprägten kalligraphischen Sensibilität in zwei Gruppen ein: Teppiche mit intensiveren Farben, lackrotem Fond und weiß oder überhaupt nicht umrandeten Zeichnungen gelten als vom indischen Geschmack beeinflußt, die anderen als persischen Ursprungs. Nachdem die Unterschiede aber sehr gering sind, ziehen es viele vor, diese Frage unentschieden zu belassen und angesichts der engen Beziehungen zwischen den Höfen der Safaviden und der Mogulherrscher von einem gemeinsamen indopersischen Stil zu sprechen.

Der Mogulstil

Im Lauf des 17. Jahrhunderts lieferten Miniaturenmaler den großen Teppichmanufakturen mehr und mehr Entwürfe. Dadurch entwickelte der Teppich auch einen stärker indisch geprägten Charakter. Er wurde damit weniger abhängig von Persien und repräsentierte in stärkerem Maße den Geschmack und die Bedürfnisse der herrschenden Dynastie, wobei selbstverständlich auch andere Formen in den Teppich Eingang fanden. Ganz allgemein wurde der Mogulstil von der großen Leidenschaft des Herrschers Dschalangir (1605–1628) für die Botanik beeinflußt. Unter seiner Herrschaft gingen alle Kunstgattungen zu floralen Mustern über. Die Blüten wurden mit einem derartigen Naturalismus und Artenreichtum dargestellt, daß man sie mit westlichen Herbarien vergleichen kann. Unter der Herrschaft Dschahans

Figürlicher Teppich. Anfang 17. Jh. Im Vergleich zu persischen Stücken sind die indischen Teppiche durch die asymmetrische Anordnung der Figuren gekennzeichnet. Sie spielen überdies eine dominante Rolle im Vergleich zum Hintergrund und sind in voller Bewegung dargestellt.

(1628–1658) erreichte dieser Stil den Höhepunkt seiner Ausdrucksfähigkeit; dies wird im Realismus und in der Detailtreue deutlich. Die realistischen, detailgetreuen Darstellungen von Blüten und Tieren erforderten zwangsläufig eine hohe Knüpfdichte auf einem Grundgewebe aus Baumwolle und bisweilen auch Seide.

Die Pflanzen und Blüten sind, und das ist typisch für die Mogulzeit, keine Phantasieprodukte und auch keinesfalls abstrakt dargestellt wie die persischen, sondern sind tatsächlich dem Pflanzenreich entnommen. Besonders beliebt waren Chrysanthemen, Mohnpflanzen, Pfingstrosen, Lilien, Glockenblumen, Rosen und Dahlien. Darstellungen aus der Kosmologie mit Drachen und anderen Ungeheuern hatten wenig Erfolg, während die realistisch dargestellten Tiere Indiens dominieren, vor allem der Tiger, der Gepard und das Nashorn. Diese Zeichnungen sind im allgemeinen asymmetrisch über das Feld verteilt und verleugnen somit die strengen Kompositionsschemata der Perser mit ihren Symmetrieachsen und Medaillons. Der Fond ist überdies nicht ganz von Zeichnungen ausgefüllt, Arabesken fehlen gänzlich. Vielmehr herrscht ein Gleichgewicht zwischen Leere und Zeichnung, ohne jeden Hinweis auf den Horror vacui, sondern vielmehr mit der Intention, den Fond und seine besondere Farbe wirken zu lassen. Die Teppiche aus der Mogulzeit erkennt man

schließlich an ihrer reichen Farbpalette. Die indischen Färber waren große Meister und konnten vor allem durch mehrere Färbebäder hintereinander typische Tönungen und ausgesprochen intensive Farben erreichen, die wie Email wirken. Typisch indisch ist das Lackrot mit dem charakteristischen bläulichen Schimmer, das aus der Lackschildlaus gewonnen wurde und für den Fond Verwendung fand. Die

Zeichnungen erscheinen in Hellgelb, Senfgelb, Hellrot, Rosa, Hellblau, Nachtblau, Hellgrün, Smaragdgrün, Orange, Schwarz und Braun. Bemerkenswert ist auch, wie die Farben nebeneinander gesetzt werden, nämlich ohne andersfarbige Umrisse. Das gilt auch, wenn verschiedene Töne derselben Grundfarbe nebeneinanderstehen, zum Beispiel Rosa neben Rot oder Hellblau neben Dunkelbau. Die Bor-

INDIEN

düren zeigen einen dunklen, oft sehr intensiv grünblauen Fond, der mit dem Lackrot des Feldes einen schönen Kontrast bildet.

Die antiken Teppichtypen

Die wirklich alten indischen Teppiche sind heute fast nur noch in Museen und großen Sammlungen zu besichtigen. Sie datieren aus dem 16. und 17. Jahrhundert und lassen sich auf einige Mustertypen zurückführen, die im wesentlichen aus Zentral- und Ostpersien stammen. Angesichts der stilistischen Einheitlichkeit dieser Teppiche lassen sich keine Angaben über die Manufakturen machen.

Florale Teppiche / Blütenteppiche

Diese Teppiche sind am häufigsten und werden im allgemeinen der Manufaktur von Lahore zugeschrieben. Die dargestellten Blumen gehören oft vielen verschiedenen Arten an und liegen im Feld nach unterschiedlichen Mustern verteilt. Typisch für den Mogulstil sind aber horizontale Reihen. Im 18. Jahrhundert werden die Blüten kleiner, stehen dichter nebeneinander und sind durch Blütenstiele miteinander verbunden. Damit erinnern sie wieder stärker an die ehemals persischen Muster. Zu dieser Gruppe zählen auch die seltenen Stücke, die Bäume, oft mit Blüten, abbilden.

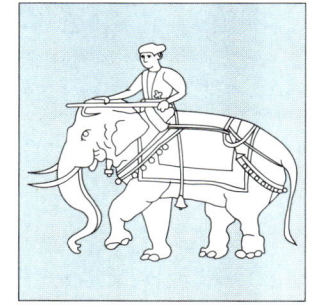

Figürliche Teppiche

Die Darstellungen auf indischen Teppichen geben Episoden aus indischen Epen und häufiger noch Jagdszenen wieder. Im Vergleich zu den persischen Teppichen zeigen die indischen Stücke eine größere Vitalität, die sich in der asymmetrischen Verteilung und vor allem in der Dimension der Figuren im Verhältnis zum floralen Hintergrund äußert. Die Gestalten werden meistens auch in Bewegung dargestellt. Typisch indisch sind die abgebildeten Elefanten, ebenso charakteristisch ist die Musterung der Bordüre, die oft durch groteske Masken sehr lebhaft wirkt. Zu dieser Gruppe zählen wir auch Teppiche mit Darstellungen des Waq-waq-Baumes.

Gebetsteppiche

Kennzeichnend ist die Interpretation des Gebetsteppichs während der Mogulzeit, denn dieser Typ ist eigentlich dem religiösen Leben der Inder fremd. Der Einfluß aus Persien ist deutlich zu spüren. Die Nische, der Mihrab, ist fein

ausgearbeitet, und auf dem lackroten Feld steht eine große blühende Pflanze, die realistische Darstellung des ursprünglichen Lebensbaumes. Bei den sogenannte Millefleurs-Gebetsteppichen (millefiori), die aus dem 18. Jahrhundert stammen, ist das Innere des Mihrabs dicht von zahlreichen winzigen Blüten der unterschiedlichsten Arten ausgefüllt, wobei sie allerdings von einer einzigen Pflanze ausgehen. In diesem Fall wird die Nische von zwei halben Zypressen flankiert.

Portugiesenteppiche

Auf die Portugiesenteppiche sind wir bereits beim Perserteppich eingegangen. Nach wie vor steht nicht fest, ob die Portugiesenteppiche in Nordpersien, Südpersien oder direkt in der portugiesischen Kolonie Goa in Indien entstanden sind. Auf eine Knüpfung in Goa deuten die europäisch gekleideten Figuren sowie die besonders intensiv leuchtenden Farben hin. Letztlich bleibt die Herkunft der Portugiesenteppiche aber ein Rätsel.

Das 19. Jahrhundert

Gegen Ende des 18. Jahrhunderts erlebte die indische Teppichknüpfkunst einen Niedergang. Im 19. Jahrhundert spielten kommerzielle Kriterien eine große Rolle und führten zur starren Wiederholung von Vorlagen aus der Mogulzeit oder sogar zu deren Verleugnung und zur Übernahme europäi-

Links: Gebetsteppich. 17. Jh.
Der persische Einfluß ist
unverkennbar, doch wird der
Gebetsteppich zweifelsohne
nach dem realistischen
indischen Geschmack interpretiert.

Rechts: Teppich mit floraler
Musterung. Anfang 20. Jh. Seit
Beginn des vorigen Jahrhunderts imitiert der indische
Teppich nur noch die alten Vorlagen aus der Mogulzeit oder –
häufiger noch – die klassischen

Motive der Perserteppiche.
Dieses Stück wurde vom
Herati-Motiv inspiriert.

scher Motive. Am häufigsten
war allerdings die Imitation
klassischer persischer Motive,
die sich schon auf dem europäischen Markt durchge-
setzt hatten. Hinzu kam, daß
englische oder kontinentale
Gesellschaften die lokalen Manufakturen übernahmen. Bis
in die Zeit von 1860 bis 1870
behielt die Produktion ein
hohes technisches Niveau bei.
Doch dann verloren die
berühmten indischen Farben
an Intensität.
Da vor dem 16. Jahrhundert
eine antike Produktion oder
überhaupt eine volkstümliche
Teppichtradition fehlte, kann
sich Indien keiner Nomadenproduktion oder dörflichen
Produktion rühmen. Alle »alten« Stücke, die bis heute er-

halten sind, wurden in städtischen Manufakturen herge-
stellt. Angesichts der allgemeinen stilistischen Einheitlichkeit können wir die Provenienzen nicht mit Sicherheit festlegen. Einst bezeichnete der
Handel alle indischen Stücke
als Agra nach der gleichnamigen Stadt, in der sich eine
berühmte Manufaktur befand.
Eine Einteilung der indischen
Teppiche kann bestenfalls
nach der Wollqualität erfolgen:
Ist sie weich und glänzend, so
stammt das Stück aus nördlichen Gegenden. Rauhe, opa-
ke Wolle deutet auf eine Herkunft aus südlichen Gebieten.
Unter den zahlreichen Manufakturen des 19. Jahrhunderts
seien im Norden die von Lahore, Srinagar und in den Provin-

zen Rajastan und Uttar Pradesh
mit Agra erwähnt. Im zentralen
Indien befand sich eine Manufaktur in Poona. Im Süden war
die Manufaktur von Masulipa-
tam von Bedeutung.

CHINA

◆ Obwohl es unter den Orientteppichen eine unglaublich weite stilistische Palette gibt, sind die chinesischen Teppiche in ihrer Art einzig und leicht zu unterscheiden. Ein Merkmal sind ihre Schmuckmotive, die auf dem Feld ohne Beziehung zueinander und ohne deutliche Umrisse auftreten. Die Anzahl der Farben ist beschränkt, sie wirken auch nicht besonders lebhaft und kontrastierend. Die Chinesen verwenden nur sechs Grundfarben in verschiedenen Tönungen und beachten dabei mit besonderer Sensibilität das Zusammenspiel und die Harmonie der Farben. Blau und Gelb überwiegen. Der chinesische Teppichstil zeigt auch nicht die sonst übliche, unüberwindbare Grenze zwischen der geometrischen und der floralen Formensprache, sondern lebt geradezu von der Synthese der beiden Richtungen. Dies alles verleiht den chinesischen Teppichen eine ganz besondere Faszination. Die Muster sind geometrisch-abstrakt, stilisiert und naturalistisch gehalten und unterscheiden sich auch

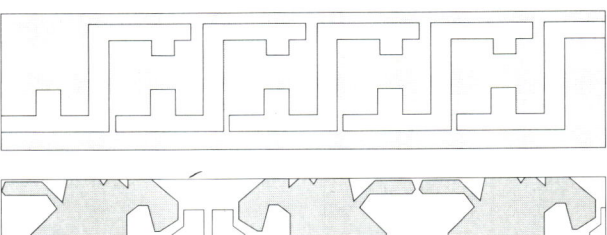

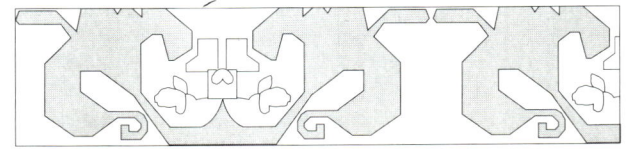

durch ihren eminent symbolischen Charakter. Am häufigsten ist die Raumaufteilung mit einem zentralen Medaillon, eventuell auch mit vier weiteren Medaillons in den Winkeln des Feldes (»4+1«). Die Motive werden aber auch nach einem bestimmten Muster und mehr oder minder symmetrisch über das Feld verteilt. Die Bordüren gelten nur als Einfassung des Teppichs und zeigen ganz unterschiedliche Motive, unter denen Pfingstrosen und andere Blumen, verschiedene Symbole, Mäander, Swastiken und t-förmige Zeichnungen überwiegen.

Die chinesischen Teppiche unterscheiden sich von den übri-

gen Orientteppichen auch durch technische Merkmale. Es wird mit dem asymmetrischen Knoten geknüpft, die Knüpfdichte liegt mit 500 bis 600 Knoten pro Quadratdezimeter besonders niedrig. Um das grobe Grundgewebe zu verbergen, das in der Regel aus Baumwolle besteht, erfolgt die Schur herkömmlicherweise ziemlich hoch. Vom Anfang des 20. Jahrhunderts an entwickelte sich die Sitte, mit besonderen Scheren die Umrisse der Figuren einzuschneiden und relieffartig zu gestalten. Auch der gesamte Flor wurde unterschiedlich hoch geschnitten, wobei der Flor des Fonds tiefer geschoren wurde. Die

Asymmetrische Knoten, typisch für China.

Gegenüber: Karte Chinas mit den wichtigsten Knüpfzentren. Darunter typisch chinesische Bordüren: Mäanderbordüre (oben) und florale Elemente (unten).

Unten: Seidenteppich mit symbolischen Motiven. 18. Jh. Im Feld dominieren Drachen, die als glücksbringende Symbole gelten. Sie spielen mit der flammenden Perle, einem Symbol der Reinheit.

Die Bordüre stellt mit ihrem Wellendesign das Meer dar, über dem sich Wolkenhäupter und heilige Berge erheben.

Formate der antiken Teppiche neigen zum Quadrat (durchschnittlich 200 x 270 cm), während die jüngsten Stücke vielfältige Formate aufweisen und auch sehr groß ausfallen können (im Mittel 300 x 400 cm).

Die offizielle chinesische Kunst

Die Teppichknüpfkunst hatte in China mit besonderen Schwierigkeiten zu kämpfen: Zunächst war die Wolle nicht leicht zu finden, und die spezifischen Eigenschaften der Knüpfung erlaubten es nicht, dem sonst allgemein anerkannten ästhetischen Kanon zu folgen, der die Wiedergabe winziger Details und eine kalligraphische Perfektion forderte. So kam es, daß der Teppich erst von der zweiten Hälfte des 17. Jahrhunderts an zu den großen höfischen Kunstwerken zählte, also mit extremer Verspätung im Vergleich zu den anderen orientalischen Teppichknüpfgebieten. Es ging keinesfalls darum, vom Ausland her ein neues Produkt einzuführen, wie dies in Indien geschehen war, sondern einem Kunstwerk, das von mindestens einem Teil der chinesischen Bevölkerung seit Jahrhunderten verwendet wurde, einen höheren Rang zuzuweisen. Tatsächlich übernahmen die Chinesen die Knüpftechnik wahrscheinlich schon in sehr früher Zeit von zentralasiatischen Völkern, die in die nordwestlichen Provinzen Chinas eingedrungen waren. Nur in diesen Gebieten hatte sich die chinesische Teppichknüpfkunst entwickelt und verbreitet. Selbst als sich die offizielle Kultur nach der Mitte des 17. Jahrhunderts für Teppiche zu interessieren begann und sie in Hinsicht auf ihre künstlerische Bedeutung dem Porzellan und den Gemälden gleichstellte, blieb die Produktion lange Zeit auf die nordwestlichen Gebiete beschränkt und wurde weiterhin von privaten Manufakturen in Gang gehalten. Obwohl sich die Teppichkunst nicht in höfischen Manufakturen weiterentwickeln konnte, machte sie dennoch Fortschritte im Rahmen des allgemein anerkannten ästhetischen Kanons und unter Berücksichtigung der Wünsche der herrschenden Klasse.

CHINA

Teppich mit symbolischen Elementen. Ende 19. Jh. In der Mitte des Feldes, sozusagen als Medaillon, die Darstellung des Hundes Fo, der vor Üblem schützt, umgeben von weiteren Hunden.

Der chinesische Teppichstil

Der chinesische Teppichstil unterscheidet sich bereits bei der allgemeinen Komposition sehr stark vom islamischen. So gilt die Fläche des Teppichs nicht als Leere, die man mit Hilfe von untereinander verbundenen Mustern ausfüllen muß. Sie wird vielmehr einfach als Hintergrund für traditionelle Muster aufgefaßt, die unabhängig voneinander, ohne ornamentale Verbindungen und ohne jeden Horror vacui existieren. Der chinesischen Auffassung zufolge stellt jede Kunstgattung nur ein Mittel dar, um bestimmte Konzepte mit kodifizierten Motiven und Symbolen auszudrücken. Diese behalten unabhängig von ihrer Beziehung mit anderen Symbolen stets ihre individuelle Bedeutung bei. So wird das Mittelfeld als unbeweglicher Raum aufgefaßt, in dem die verschiedenen traditionellen Muster isoliert schweben. Für ihre Verteilung existiert natürlich ein Kompositionsschema, obwohl es bei den wenigen verwendeten Motiven in unseren Augen nicht oder nur sehr schwer zu erkennen ist.

Die chinesische Formensprache, die zu einer Perfektion in kalligraphischer Hinsicht neigt, drückt sich beim Teppich im geometrischen wie floralen Stil aus. Beide werden mit großem Geschick gehandhabt, und so entsteht nicht eine konfuse, hybride Formensprache, sondern ein ausgeglichener, eleganter Ausdruck, wobei streng geometrische Motive neben weich kurvilinearen stehen. Die am meisten verbreitete Raumaufteilung sieht ein zentrales Medaillon mit vier weiteren Medaillons in den Ecken des Feldes vor. Das Medaillon hat jedoch keine festgelegte Form und wird auch nicht von Anhängern vervollständigt, sondern besteht aus der Gesamtheit mehrerer Elemente, zum Beispiel mythischer Tiere, geometrischer Blüten oder Figuren. Diese werden im allgemeinen zu einem Kreis angeordnet, wobei oft keine einzige geschlossene Linie existiert, die diese Muster zusammenhalten könnte. Besonders bei alten Stücken wurde ein unterschiedlich ausgebildetes geometrisches Raster über das ganze Feld gelegt. Als Musterelemente dienten dabei Swastiken, »runde

Oben: Ausschnitt aus einem Teppich mit geometrischer Musterung. 18. Jh. Die Grundform des Musters erinnert an runde Klammern. Durch die Verschränkungen entsteht ein kurvilineares Bild.

Unten: Medaillonteppich. Ende 19. bis Anfang 20. Jh. Das kreuzförmige Medaillon ist von naturalistischen Motiven umgeben, zum Beispiel Blüten, Schmetterlingen und Vögeln. Ihre Anordnung erfolgt sym-

metrisch. In der Hauptbordüre erkennt man blühende Pfingstrosen und Vasen.

Klammern« oder das »Reiskornmotiv«. Es besteht aus kleinen, schrägen, regelmäßig in vier Richtungen angeordneten Segmenten, die tatsächlich Reiskörnern ähnlich sehen. Über das gesamte Feld verstreut treten auch naturalistische florale Muster auf, wobei vor allem Päonien und Lotosblüten dargestellt werden. Gerne werden auch symbolische Figuren offenbar ohne feste Ordnung über das Feld verstreut. In diesem Zusammenhang sind die Säulenteppiche zu nennen. Sie wurden sozusagen als Ersatz für Gemälde um die Säulen buddhistischer Tempel gebunden. Erst wenn die beiden Längskanten nebeneinanderstanden, ergab sich ein kontinuierliches Muster. So wurden zum Beispiel Drachen dargestellt, die um die Säule herumliefen, begleitet von weiteren bedeutenden religiösen oder philosophischen Symbolen. Im Gegensatz zur islamischen Auffassung gilt die Bordüre nicht als wichtiges Element zur Vervollständigung des Feldes, sondern lediglich als Einfassung, die man mit floralen oder geometrischen Motiven füllen kann, wobei oft ein harmonischer Kontrast mit dem Zeichnungsmuster im Feld zu erkennen ist. Zu den meistverwendeten Mustern der Hauptbordüren zählen verschiedene Mäander, die oft dreidimensional wirken, Swastiken, t-förmige Motive und naturalistische florale Motive, zum Beispiel Pfingstrosen oder Lotosblüten. Unter den Borten ist die Per-

CHINA

Medaillonteppich. Ende 19. bis Anfang 20. Jh. Das zentrale Medaillon und die Medaillons in den Ecken des Feldes bestehen aus chinesischen Symbolen. Unter ihnen erkennen wir zum Beispiel den endlosen Knoten, Lotosblüten sowie Fische. In der Hauptbordüre sind taoistische Symbole dargestellt.

lenkette beliebt, eine Abfolge weißer Kreise im allgemeinen auf blauem Fond. Typisch für chinesische Teppiche ist auch eine Außensaumborte, die bei den ältesten Stücken braun gefärbt war, bei den jüngeren vom Beginn des 19. Jahrhunderts an blau.

In der Farbgebung unterscheiden sich die chinesischen Teppiche deutlich von den islamischen, weil sie weder deren Lebhaftigkeit noch Kontrastfreude kennen. Die rote Farbe ist auch nicht vorherrschend. Im chinesischen Teppich wurden nur einige Grundfarben verwendet, zum Beispiel Gelb, Blau, Weiß, Hellrot, Schwarz und Braun. Dafür nutzten die Knüpfer verschiedene Tönungen dieser Farben, um harmonische, elegante Wirkungen zu erzielen, zum Beispiel Hellgelb auf goldgelbem Grund oder Apricot auf Lachsrosa. Es überwiegen in jedem Fall die Farben Gelb und Blau als Symbole für die Erde und den Himmel. Bei Teppichen, die vor der zweiten Hälfte des 19. Jahrhunderts geknüpft wurden, ist der Fond fast ausschließlich gelb, während er bei späteren Stücken eine intensiv blaue Farbe annimmt.

Die alte Produktion

Nach der Blütezeit zwischen dem 18. und dem Beginn des 19. Jahrhunderts begann auch für den chinesischen Teppich ein langsamer Niedergang. Nach den Jahren um 1860 bis 1870 wird eine Angleichung an den westlichen Geschmack deutlich. Die Motive verlieren an Reinheit und Raffinesse. Mit der Einführung synthetischer Farbstoffe breiten sich Pastelltöne aus. Das Mittelfeld erscheint zu leer oder, im Gegensatz, überfüllt. Die Bordüren werden größer und komplizierter. Für den Fond wird fast ausschließlich Blau verwendet. Die Knüpfung wird zwar raffinierter, verliert aber ihre Traditionsgebundenheit.

In der zweiten Hälfte des 19. Jahrhunderts ersetzten kaiserliche Manufakturen wie die von Peking die kleinen Provinzwerkstätten und die recht zahlreichen Werkstätten, die von westlichen Unternehmern geleitet wurden. Der Wunsch nach einer Ausweitung des Handels führte nach und nach zur Dekadenz und schließlich zum Tod des traditionellen chinesischen Teppichs. Der Endpunkt dieser Entwicklung wurde 1920 erreicht, als Landschaften und menschliche Figuren und vor allem Imitationen französischer Blütenmuster des 17. Jahrhunderts aus den Manufakturen der Savonnerie und von Aubusson Eingang fanden. Solche hybride Teppiche wurden auch oft reliefartig geschoren. Damit wollte man das Muster im Vergleich zum Fond stärker hervorheben.

Die chinesischen Symbole

Die alten Motive, die auf chinesischen Teppichen auftreten, haben nur zu einem geringen Teil rein dekorative Funktion, denn eigentlich ist ihre Bedeutung symbolischer Natur. Die Sprache der Kunst verwendet in China meistens Symbole, die allen Kunstgattungen und Techniken gemeinsam sind. Ihre Bedeutung blieb seit Jahrhunderten unverändert. Dennoch fällt die Interpretation gewiß nicht leicht. Die einen wurden der natürlichen Umwelt entnommen, andere stammen aus alten Mythen, wiederum andere aus der buddhistischen oder taoistischen Religion. Es gibt auch eine beträchtliche Zahl abstrakter, mehr oder minder komplizierter Muster. Die am weitesten verbreiteten Symbole sind der Drache (Vereinigung der irdischen und himmlischen Kräfte, Glücksbringer, Symbol des Kaisers), der Phönix (Unsterblichkeit, Symbol der Kaiserin), der Hund Fo (Schutz vor dem Bösen), die Lotosblüte (Reinheit und Sommer), die Pfingstrose (Achtung und Reichtum), Hirsch und Storch (Langlebig-keit), die Wolke (göttliche Macht), Berg und Wasser (Sicherheit auf unruhigem Meer), Fledermaus (Glück, denn ihr chinesischer Name Fu ähnelt phonetisch Anfu, was Glück bedeutet), Swastika oder Hakenkreuz (kosmisches Symbol) sowie das Ideogramm Shou (Glück). Typisch für die Säulenteppiche sind die acht glückverheißenden Symbole des Buddhismus: der Baldachin (Königtum), die Lotosblüte (Wohlergehen), der Schirm (Autorität, gute und gerechte Regierung), das Muschelhorn (Sieg), das Rad (der Pfad der Erlösung), die Vase (Harmonie), die beiden Fische (Glück und Nutzen) sowie der Lebensknoten (Langlebigkeit und Schicksal). Charakteristisch sind auch die acht taoistischen Symbole: das Schwert (Sieg), der Kürbis mit der Krücke (Heilung), der Fächer (Unsterblichkeit), der Blütenkorb (Magie), die Zymbeln (wohltuende Musik), die Flöte (Wunder), die Lotosblume (Wohlergehen) sowie schließlich der Bambus und die Stäbe (Voraussicht und Glück).

▲ Buddhistische Symbole
▼ Taoistische Symbole

Die wichtigsten Knüpfgebiete

Angesichts der allgemeinen stilistischen Einheitlichkeit der chinesischen Teppiche fällt es nicht leicht, die Herkunft eines Stückes nur aufgrund des verwendeten Musters zu bestimmen. Farbliche und technische Unterschiede erlauben es neben stilistischen Merkmalen, Gruppen von Teppichen auszumachen, die sich allerdings nur mit einigen Unsicherheiten bestimmten Knüpfgebieten zuschreiben lassen. Diese liegen hauptsächlich in den nordwestlichen Provinzen.

Gebiet von Ninghsia (Ningxia). Die Knüpfteppiche aus diesem Gebiet gelten als die Klassiker unter den Chinesen, als die ältesten und somit die besten Stücke. Kennzeichnend sind die reinen Motive, die gelben oder höchstens rosafarbenen Fonds und die überwiegend blauen Zeichnungen. Die Herkunftsbezeichnung Ninghsia wurde übrigens sehr stark mißbräuchlich verwendet, so daß schließlich fast jeder Teppich diesen Namen erhielt. In technischer Hinsicht unterscheiden sich diese Teppiche durch die geringe Knüpfdichte, die niedrigste aller chinesischen Produktionen, sowie durch die ziemlich weiche Konsistenz. Es wurden alle bisher vorgestellten Muster verwendet.

Gebiet von Gansu (Khansu). Die Teppiche dieser Provenienz weisen lebhaftere Farben auf und stehen, was die Muster anbelangt, ostturkesta-

Medaillonteppich. Moderne Produktion. Der Hybridstil, der in diesem Exemplar deutlich wird, entwickelte sich in den zwanziger Jahren unseres Jahrhunderts. Man wollte damit französische Teppiche des 17. Jh. mit floralen Motiven imitieren. Erkennbar ist hier auch die reliefartige Schur, die damals aufkam.

nischen Stücken näher. Dies erkennt man vor allem an den charakteristischen Teppichen mit drei übereinanderliegenden, abgerundet achteckigen Medaillons. Typisch für das Gebiet ist das Bulo-Motiv, das aus winzigen roten, weißen und hellblauen, über das ganze Feld verstreuten Scheiben besteht. Der Fond des Feldes ist im allgemeinen blau, die Zeichnung hellrot oder orange.

Gebiet von Paotou (Baotou). Diese Teppiche entstanden frühestens gegen Ende des 19. Jahrhunderts und unterscheiden sich durch ihre höhere Knüpfdichte und die kleinen Formate. Die Zeichnung beruhte anfänglich auf stilisierten, später auf realistischen Mustern, zum Beispiel Landschaften und menschlichen Figuren. Der Fond ist meistens rot.

Peking. Die Manufaktur von Peking entstand um 1860 und schuf die größte Zahl von Teppichen. Sie sind ausgesprochen groß und wirken kompakt. Der Fond ist normalerweise blau, beige oder elfenbeinfarben und weist naturalistisch dargestellte Blumen, die unterschiedlichsten Symbole und zentrale Medaillons auf, die oft aus Landschaftselementen bestehen.

Die Stücke der modernen Produktion weisen in der Regel Elemente der verschiedenen Provenienzen auf. Dazu gesellen sich außerdem Motive des Abendlandes; typisch ist in diesem Zusammenhang die Imitation der floralen Elemente der französischen Teppiche des 17. Jahrhunderts. Ebenso wie bei den chinesischen Teppichen der vergangenen Jahrhunderte fällt auch bei den modernen Stücken die Bestimmung der geographischen Herkunft nicht leicht.

Oben links: Ausschnitt aus einem Medaillonteppich von Gansu. Anfang 20. Jh. Der Teppich imitiert ostturkestanische Stücke, wie vor allem das rundliche Medaillon verrät. Typisch für das Gebiet von Gansu ist hingegen das Bulo-Motiv, das aus winzigen, im ganzen Feld verstreuten Scheiben besteht.

Oben rechts: Teppich mit drei übereinanderliegenden Medaillons. Ende 19. Jh.

Unten: Teppich mit floraler Musterung. Ende 19. Jh. Die nicht traditionellen Farben und vor allem die überreiche Musterung des Feldes legen eine Datierung auf das Ende des vorigen Jahrhunderts nahe.

WESTEUROPA

♦ Einige Worte verdient auch die historische Teppichproduktion Westeuropas. Sie unterscheidet sich technisch wie stilistisch von den bisher behandelten Orientteppichen. Die einzige europäische Nation, die sich einer alten, seit dem 12. Jahrhundert nachgewiesenen Tradition rühmen kann, ist Spanien, das lange Zeit von den Mauren besetzt war (711–1492). Typisch für diese Teppiche ist der spanische Knoten sowie die Vorliebe für die Farben Rot, Gelb und Hellblau. Diese Teppiche orientierten sich anfänglich an anatolischen geometrischen Motiven. Dazu kamen im 15. Jahrhundert mit der Produktion von Alcaraz die Wappen adliger Familien. Im 16. Jahrhundert überwogen die floralen Motive zeitgenössischer Textilien, während im 18. Jahrhundert in Cuenca perfekte Kopien von Orientteppichen hergestellt wurden. Im 18. Jahrhundert erlebte die Teppichproduktion allerdings eine Krise. Für die Kontinuität sorgten die großen königlichen Manufakturen von Madrid, die den symmetrischen Knoten und die Nachahmung des feierlichen französischen Stils durchsetzten.

Im Jahr 1627 wurde in Frankreich die große staatliche Manufaktur der Savonnerie gegründet. Ihr Name geht auf die Tatsache zurück, daß sie in den Räumen einer aufgelassenen Seifenfabrik (»Savonnerie«) unterkam. Im Jahr 1712 wurde sie in eine königliche Möbel- und Teppichmanufaktur umgewandelt, und im Jahr 1825 er-

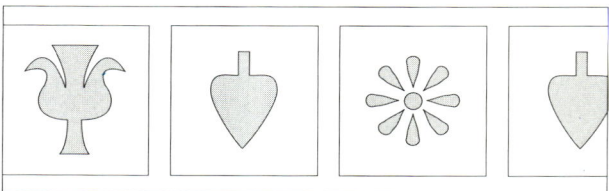

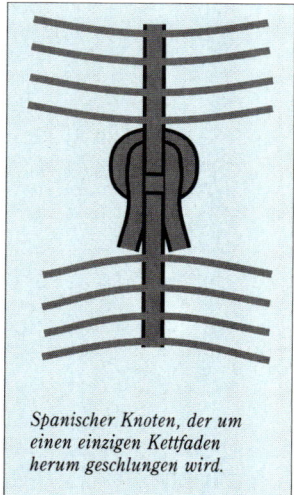

Spanischer Knoten, der um einen einzigen Kettfaden herum geschlungen wird.

folgte die Vereinigung mit der nationalen Gobelinmanufaktur. Die Teppiche der Savonnerie wurden mit dem symmetrischen Knoten geknüpft. In technischer Hinsicht unterscheiden sie sich durch das Grundgewebe aus Hanf oder Leinen. Geknüpft wurde über einen Eisenstab, der an einer Seite mit einer Schneide versehen war und beim Herausziehen die Florfäden aufschnitt. Die stilistische Entwicklung der Teppiche der Savonnerie erfolgte unabhängig vom Orientteppich und folgte der Geschmacksentwicklung

Gegenüber oben: Karte Europas. Spanien, Frankreich und England sind die Heimatländer des historischen europäischen Knüpfteppichs.

Gegenüber unten: Typische spanische Bordüre mit stilisierten Mustern in geometrischen Rahmen (oben) und charakteristische französische Bordüre mit naturalistisch dargestellen Blütenrispen (unten).

Unten: Teppich mit geometrischer Musterung. Alcaraz, 15. Jh. Für den spanischen Stil sind die geometrische Musterung und die Farben Rot, Gelb und Blau typisch. Oft treten auch Adelswappen auf.

und den Moden vor allem in der Möbelkunst und der Architektur. Während die Bezeichnung Savonnerie für den extrem teuren luxuriösen Knüpfteppich steht, sind die Aubusson-Teppiche Flachgewebe oder Gobelins. Sie waren weniger teuer und wurden von kleinen Manufakturen für den »bürgerlichen« Markt hergestellt. Die Stücke von Aubusson waren weniger wertvoll, folgten von der zweiten Hälfte des 18. Jahrhunderts an aber ebenfalls der stilistischen Entwicklung der Savonnerie-Teppiche. Von ihnen unterschieden sie sich jedoch durch die einfacheren, weniger raffinierten Zeichnungen. Die Produkte der Savonnerie wie die von Aubusson beeinflußten mit ihrem Stil auch zahlreiche ausländische Produktionen. Zwischen dem Ende des 18. und dem Beginn des 19. Jahrhunderts diente der französische Teppich als nachahmenswertes Modell auch im Orient, besonders in Anatolien und in China. Anklang fanden vor allem seine kurvilinearen Muster, die naturalistischen floralen Friese (Girlanden, Ranken, einzelne Blüten) und die hellen Pastelltöne. Doch von der zweiten Hälfte des 19. Jahrhunderts an geriet auch die französische Produktion wie die gesamte Knüpfkunst in Europa in die Krise.

In England entstanden in der zweiten Hälfte des 18. Jahrhunderts einige bedeutsame Manufakturen (zum Beispiel Fulham und Exeter). Gegen Ende jenes Jahrhunderts

Oben: Ausschnitt aus einem Savonnerie-Teppich mit floraler Musterung im ganzen Feld. Die Blumen beeinflußten tiefgreifend die orientalische Teppichproduktion des 19. Jh., ebenso die Pastelltöne.

Unten: Savonnerie-Teppich mit naturalistischem Muster. Anfang 19. Jh. Die Rosen und Schwäne waren bevorzugte Muster von Joséphine Beauharnais, der Gemahlin Kaiser Napoléons I.

waren die Werkstätten von T. Moore und T. Whitty besonders erfolgreich. Für sie arbeitete auch der Architekt Robert Adam. Er legte besonderen Wert auf den Fußboden, denn er sollte ein Spiegelbild der Decken darstellen. Die von ihm entworfenen Teppiche folgten somit den Regeln der Architektur jener Zeit. Der klassizistischen Auffassung zufolge übertrug er einfache antike Motive auf die Teppiche. Zu Beginn des 19. Jahrhunderts wurde in Axminster ein exotischer Stil geschaffen. Doch kurze Zeit darauf, gegen 1850, begann der Niedergang des handgeknüpften Teppichs. Die Gründe dafür lagen in der orientalischen Konkurrenz, im verwestlichten Stil und in der neuen europäischen Produktion auf mechanischen Webstühlen. Die Handknüpfung wurde in Europa ziemlich schnell zugunsten der wirtschaftlicheren industriellen Verfahren aufgegeben. Die Zeichnungen dieser Industrieteppiche orientierten sich wieder an orientalischen Vorlagen.

Bildnachweis

Die Abkürzungen o, u, m, l und r beziehen sich auf die Lage des Bildes auf der betreffenden Seite (oben, unten, Mitte, links, rechts).

Museen und Sammlungen

Cleveland Museum of Art 51, 79, 83, 89 ul, 91 ul, 91 ur, 116, 147 o

Sammlung Giacomo Cohen und Söhne, Rom 10, 45 u, 52, 53 o, 74, 76 o, 87 u, 117 o, 119, 120 ul, 125, 127 ul, 130 ol, 144 l, 145, 159 o, 160, 161, 169 o, 181 u, 182, 184, 185 u

Sammlung G. Mandel, Mailand 34 or, 42, 75, 88 ur, 122 ol, 162 o, 163

Hamburgisches Museum für Völkerkunde, Hamburg 29 ol, 157, 158, 159 u

Ermitage, Sankt Petersburg 12

Historiska Museum, Stockholm 30 u

Islamisches Museum, Berlin 66, 88 ol

Metropolitan Museum of Art, New York 8 (Rogers Fund), 29 or, 61, 96 u, 100, 174 or, 177 ul, 181 o

Musée des Arts Décoratifs, Paris 69 u, 102

Museo Bardini, Florenz (F. Arborio Mella) 31, 38, 43, 60 o, 65, 67 u, 69 o, 72, 88 ol, 88 or, 91 or, 105, 106, 139

Museo Civico di San Gimignano, Siena 70

Teppichmuseum, Teheran (G. Mandel) 81, 110

Museo Nazionale del Bargello, Florenz 63, 64, 89 or

Museo Poldi Pezzoli, Mailand (F. Arborio Mella) 27 u, 35, 94 o, 99, 101

Museo San Marco, Venedig 107

Museum für islamische Kunst, Berlin 28 u, 37 o, 37 u, 59, 67 o, 68 u, 73, 77

Museum für Kunst und Kulturgeschichte, Lübeck 25 o

Museum of Fine Arts, Boston 175

National Gallery, London 60 u

Österreichisches Museum für Angewandte Kunst, Wien 9, 28 o, 62, 98, 108, 173, 174 ol

Philadelphia Museum of Art 103, 187

Royal Ontario Museum (Vermächtnis Mrs. F. W. Cowan) 179

Textile Museum, Washington 138

Türk ve Islam Eserleri Müzesi, Istanbul 58

Victoria and Albert Museum, London 27 o, 96 o, 97

Danksagungen

Die Autorin dankt dem Fotoarchiv Mondadori und Maurizio Cohen für die Bilder. Ein besonderer Dank gilt den Auktionshäusern Finarte und Sotheby's für die freundliche Zusammenarbeit.

Register